L'être et l'écran

Stéphane Vial

L'être et l'écran

Comment le numérique change la perception

Presses Universitaires de France

ISBN 978-2-13-062170-6
Dépôt légal – 1re édition : 2013, septembre
2e tirage : 2013, octobre

6, avenue Reille, 75014 Paris

Pour Stanislas et toutes les « Petites Poucettes ».

« L'ordinateur est une énigme. Non pas en ce qui concerne sa fabrication ni son emploi, mais il apparaît que l'homme est incapable de prévoir quoi que ce soit au sujet de l'influence de l'ordinateur sur la société et sur l'homme. »

Jacques ELLUL, 1977
Le Système technicien

« Pour moi, l'ordinateur est l'outil le plus remarquable que nous ayons inventé. C'est l'équivalent de la bicyclette pour l'esprit. »

Steve JOBS, 1990
in Julian KRAININ
& Michael R. LAWRENCE,
Memory & Imagination: New Pathways to the Library of Congress

« Les ordinateurs ne font pas seulement des choses pour nous, ils font quelque chose de nous. »

Sherry TURKLE, 1995
Life on the Screen. Identity in the Age of the Internet

Préface

Critique et visionnaire : le double regard des sciences humaines

par Pierre Lévy
Chaire de recherche du Canada en Intelligence collective
à l'Université d'Ottawa, membre de la Société royale du Canada

Au-delà de la simple posture de consommateur ou d'utilisateur, si nous voulons y voir un peu plus clair sur la manière dont nous entremêlons nos pensées et nos symboles dans le médium algorithmique, si nous voulons comprendre la mutation numérique en cours et nous donner les moyens de peser sur son déroulement, il est nécessaire de garder les deux yeux bien ouverts : aussi bien l'œil critique que l'œil visionnaire.

Du côté de l'œil critique, apprenons d'abord à sourire devant les slogans de pacotille, les mots-clic du marketing, les courses au *Klout*[1] et les poses de

1. *Klout* est un service en ligne qui analyse l'activité de ses utilisateurs sur les réseaux sociaux et leur attribue un score (le « Klout ») représenté par un nombre entre 1 et 100, censé mesurer leur influence en ligne (NDLA).

« rebelle du libre ». L'Internet est peut-être pour certains une nouvelle religion. Pourquoi pas ? Mais, de grâce, ne nous construisons pas de nouvelles idoles : l'Internet n'est ni un acteur, ni une source d'information, ni une solution universelle, ni un modèle (Evgeny Morozov nous explique fort bien tout cela dans son dernier livre *To Save Everything, Click Here: The Folly of Technological Solutionism*, New York, Public Affairs, 2013).

Ce n'est pas un acteur. Le nouveau médium algorithmique qui se complexifie sous nos doigts et nos regards entrecroisés n'est certainement pas un acteur homogène, mais plutôt l'assemblage hypercomplexe d'une multitude d'acteurs humains et non humains de toutes natures, un assemblage en transformation constante et rapide, un métamédium qui abrite et entremêle une grande diversité de médias dont chacun réclame une analyse particulière dans un contexte sociohistorique particulier. Le médium algorithmique ne prend pas de décisions et n'agit pas de manière autonome.

Ce n'est pas non plus une source d'information : seules les personnes et les institutions qui s'y expriment sont de véritables sources. La confusion, entretenue par de nombreux journalistes, vient de ce que, dans les médias de diffusion unilatérale traditionnels (organes de presse, radios, télévisions), le canal se confond avec l'émetteur. Mais dans le nouvel environnement de communication, les mêmes plateformes peuvent être utilisées par de nombreuses sources indépendantes.

Le simple bon sens nous suggère également que ni l'Internet ni même le bon usage de l'Internet, fût-ce selon les lignes du *crowdsourcing* ou de l'*open data*, ne peuvent évidemment fournir une solution universelle et un peu magique à tous les problèmes économiques, sociaux, culturels ou politiques. Lorsque presque tout le monde n'a plus que les mots de « disruption », d'innovation, de fonctionnement en réseau et d'intelligence collective à la bouche, ces *mots d'ordre* (voir l'analyse philosophique du mot d'ordre par Deleuze et Guattari dans *Mille Plateaux*, Paris, Minuit, 1980) n'ont plus aucun sens parce qu'ils ne font plus de différence.

Dans le même ordre d'idée, l'Internet n'est pas non plus un modèle. Wikipedia (depuis 2001) représente sans aucun doute une réussite dans le domaine du travail collaboratif et de la diffusion des connaissances. Mais faut-il pour autant l'imiter pour des projets et dans des contextes bien différents de celui de l'encyclopédie en ligne ? On peut en dire autant d'autres réussites comme celles des logiciels à sources ouvertes (depuis 1983) ou de la licence Creative Commons (depuis 2001). Wikipedia et la propriété intellectuelle libre sont désormais des institutions interdépendantes et bien établies. S'il faut copier la communauté Wikipedia ou celle du « libre », ce serait plutôt dans leur capacité à concevoir presque de toutes pièces les modèles singuliers dont elles avaient besoin *pour leur projet à elles.* Nous sommes en 2013 et il n'y a aucune raison pour que de nouveaux modèles originaux ne viennent pas s'ajouter à ceux-là, en vue de projets peut-être plus ambitieux. Nous avons certes à faire fructifier les héritages technique, juridique et organisationnel du mouvement sociotechnique multiforme qui a porté l'émergence du médium algorithmique, mais pourquoi devrions-nous nous conformer à de quelconques modèles ?

Pour en finir avec l'œil critique, examinons quelques mots d'ordre en vogue tels que les *big data* et les *digital humanities.* Il est clair que l'immensité des données publiques disponibles appelle un effort concerté pour en extraire le maximum d'information utile. Mais les tenants des *big data* entretiennent l'illusion épistémologique qu'ils pourraient se passer de théories et qu'il leur est possible de faire émerger la connaissance d'une « simple » analyse statistique des données. Comme si la sélection des ensembles de données, le choix des catégories qui leur sont appliquées et la conception des algorithmes qui les traitent ne relevaient d'aucun point de vue pragmatique, d'aucune hypothèse particulière et, en somme, d'aucune théorie ! Mais peut-on demander à des ingénieurs ou à des journalistes, aussi bien intentionnés soient-ils, d'expliciter des théories en sciences humaines, alors que les chercheurs en sciences humaines eux-mêmes en fournissent si peu, si mal, de si simplistes ou de si limitées à telle ou telle localité ?

Cela me mène à l'engouement contemporain pour les *digital humanities*. L'effort pour éditer et mettre en libre accès les données des sciences humaines, pour traiter ces données avec les outils des *big data* et pour organiser des communautés de chercheurs autour de ce traitement est certes fort louable. Hélas, je ne discerne pour l'instant aucun travail de fond pour résoudre les immenses problèmes de fragmentation disciplinaire, de testabilité des hypothèses et d'hyperlocalité théorique qui empêchent les sciences humaines d'émerger de leur Moyen Âge épistémologique. Les outils techniques ne suffisent pas ! Quand les sciences humaines se délivreront-elles du sortilège postmoderniste qui leur interdit l'accès à la connaissance scientifique et au dialogue ouvert dans l'universel ? Pourquoi tant de chercheurs, pourtant très doués, se cantonnent-ils à la dénonciation politico-économique, à la protection ou à l'attaque de telle ou telle « identité », ou à l'enfermement disciplinaire ? Sans doute faudra-t-il mobiliser de nouveaux instruments algorithmiques (la partie *digital*), mais il faudra surtout que la communauté des sciences humaines découvre un sens nouveau à sa mission (la partie *humanities*).

Je disais en commençant que nous avions besoin pour comprendre et pour agir d'ouvrir nos deux yeux : l'œil critique et l'œil visionnaire. L'œil critique dissout les idoles intellectuelles qui obstruent le champ cognitif. L'œil visionnaire discerne de nouveaux problèmes, envisage les avenirs dissimulés dans la brume de l'avenir et crée. C'est là qu'intervient notamment la perspective du *design*, si bien évoquée par Stéphane Vial au sixième chapitre de ce livre. Mais avant de songer à créer, il faut d'abord discerner. L'humanité est la seule espèce animale à manipuler des symboles et cette singularité lui a donné accès à la conscience réflexive, à la culture et à l'histoire. Dès lors qu'un nouvel univers de communication – un univers qui est évidemment le fruit de sa propre activité – augmente et modifie sa capacité de manipulation symbolique, c'est l'être même de l'humanité – sa singularité ontologique – qui est appelé à se reconstruire. Or le médium algorithmique rassemble et interconnecte sur un mode ubiquitaire aussi bien les flots de données numériques émis par nos activités que les armées d'automates symboliques qui transforment et nous présentent ces données. Dès le XXe siècle, quelques visionnaires ont osé regarder en face la mutation anthropologique qu'implique ce nouveau régime de manipulation symbolique. Il est temps maintenant que les conditions technosociales de la mutation en cours, les problèmes béants qu'elle nous pose et les opportunités inouïes qu'elle nous ouvre soient frontalement pris en compte par la communauté des chercheurs en sciences humaines.

Comme le montre parfaitement cet ouvrage, la « révolution numérique » ne concerne pas tant les apparences, ou l'observable, auquel les journalistes se limitent par profession, que le *système organisateur* de nos perceptions, de nos pensées et de nos relations, leur nouveau mode d'apparition, leur fabrique cognitive, leur « nature naturante ». Ouvrons donc notre œil visionnaire, traversons le miroir et commençons à explorer le changement de transcendantal historique, l'émergence d'une nouvelle épistémè. Il est clair pour moi, comme, je crois, pour Stéphane Vial et bien d'autres, que ce changement est œuvre humaine, qu'il n'est pas achevé et qu'il offre encore de nombreuses possibilités d'inflexion et d'intervention créative. Mais pour que les virtualités les plus fécondes de notre évolution historique et culturelle s'actualisent, encore faut-il les apercevoir et se donner les moyens non seulement techniques mais aussi symboliques, théoriques et organisationnels de les réaliser.

Il y a certes quelques exigences à respecter : des exigences culturelles, économiques, techniques, existentielles. Culturelles : ne mépriser ni les traditions locales ni les traditions transmises par les générations passées ; respecter les trésors de savoir et de sagesse contenus dans les institutions vivantes. Économiques : quelles que soient les options choisies (public, privé, commercial, non commercial, etc.), nos projets doivent être viables. Techniques : familiarisons-nous avec les algorithmes, leur calculabilité, leur complexité. Existentielles : le design des expériences doit prendre en compte l'existence corporelle, relationnelle, affective et esthétique des humains engagés dans les dispositifs d'interaction techniques. Une fois ces exigences respectées, la liberté créatrice n'a pas de limite.

Pour ma part, je crois que la direction d'évolution la plus prometteuse est celle d'un *saut de réflexivité de l'intelligence collective*, dans une perspective générale de développement humain (voir *La Sphère sémantique*, Paris, Hermès-Lavoisier, 2011 et 2013). Ce projet culturel et cognitif s'appuie sur un dispositif techno-symbolique de mon invention : un métalangage algorithmique (IEML) qui s'autotraduit dans toutes les langues et fournit aux sciences humaines un puissant outil de catégorisation et d'explicitation théorique. Ce projet n'en exclut aucun autre. J'invite à penser et à dialoguer au sein d'une universalité ouverte. Ma philosophie, comme celle de Stéphane Vial, accueille l'émergence, la durée et l'évolution de singularités créatives et interprétatives qui soient à la fois distinctes et interdépendantes, compétitives et coopératives.

Il semble que nous ayons oublié pourquoi nous avons édifié le médium algorithmique. Était-ce pour devenir millionnaire ? Était-ce pour révéler enfin aux peuples opprimés le « marketing des médias sociaux » qu'ils attendaient avec tant d'espoir ? Était-ce pour que chacun, des enfants des écoles aux armées les plus puissantes en passant par les entreprises et les partis politiques, puisse surveiller, calomnier et détruire ses ennemis avec des moyens plus performants ? Stéphane Vial nous rappelle ce que nous avons visé, ce que nous visons toujours, ce but qui semble se dérober au fur et à mesure que nous le poursuivons et qui cependant oriente notre course : *une révélation dans les sujets.*

Introduction

De quoi la révolution numérique est-elle la révolution ?

> « Le réel n'est jamais "ce qu'on pourrait croire" mais il est toujours ce qu'on aurait dû penser. »
>
> Gaston Bachelard, *La Formation de l'esprit scientifique* [1]

1 – Le nouvel esprit technologique

Depuis l'apparition des premiers ordinateurs dans les années 1940, notre civilisation est engagée dans un profond bouleversement, dont nous comprenons aujourd'hui qu'il n'est pas seulement technologique. Au commencement, il s'agissait seulement d'informatiser nos dispositifs productifs pour obtenir de meilleures performances, grâce à la puissance de calcul

1. Paris, Vrin, 1993 (1938), chapitre 1, p. 13.

des super-ordinateurs des années 1950-1960, ces machines de plusieurs tonnes qui occupaient des armoires entières. Puis on a compris que de telles machines pouvaient être accessibles à tous et rendre des services à chacun avec les micro-ordinateurs des années 1970 – qu'une poignée de « cinglés d'informatique » et autres « hobbyists » s'est acharnée à concevoir, produire et distribuer [1] –, mais surtout avec les interfaces graphiques des années 1980, qui ont donné à ces machines leur dimension conviviale et « dionysiaque [2] ». C'est alors que le World Wide Web est arrivé et a transformé l'Internet, technologie d'interconnexion des réseaux d'ordinateurs qui comptait 213 machines connectées en août 1981, en un cyberespace planétaire qui a atteint 5 milliards de terminaux connectés en août 2010 [3] et dans lequel s'est développé au cours des années 1990 une véritable « vie sur écran [4] » autant qu'une forme authentique et nouvelle

1. Voir Robert X. Cringely, *The Triumph of the Nerds: The Rise of Accidental Empires* [Documentaire TV], Oregon Public Broadcasting, 1996.

2. Bernard Darras, « Machines, complexité et ambition », *in* J. Sultan et B. Tissot (dir.), *Dessine-moi un pixel : informatique et arts plastiques*, Paris, INRP / Centre Georges-Pompidou, 1991, p. 107.

3. Voir « Cinq milliards d'objets connectés », *Le Monde informatique*, 20 août 2010 (en ligne : http://www.lemondeinformatique.fr/actualites/lire-5-milliards-d-objets-connectes-cet-ete-31413.html).

4. Sherry Turkle, *Life on the Screen. Identity in the Age of the Internet*, New York, Simon & Schuster Paperbacks, 1995.

de « culture [1] ». Après l'essor du Web 2.0 pendant les années 2000, dont les réseaux sociaux comme Facebook et Twitter sont devenus l'emblème, puis avec la montée fulgurante des terminaux mobiles et des tablettes (sans oublier l'essor actuel des objets connectés, des imprimantes 3D ou des *big data*), chacun ressent aujourd'hui l'ampleur inouïe du phénomène, parce que chacun est concerné.

En 2010, 74 % des ménages européens sont équipés d'un ordinateur ; en 2011, 73 % d'entre eux sont connectés à Internet à domicile, contre seulement 49 % en 2006 [2]. Dans le même temps, 350 millions d'internautes jouent ensemble sur Facebook tandis que le chiffre d'affaires du jeu vidéo dans le monde avoisine les 52 milliards d'euros [3]. Aux États-Unis, en 2011, on compte 215 millions d'heures de jeu par jour pour 145 millions de joueurs, contre 27 millions d'heures pour 24 millions de joueurs dans l'Hexagone [4]. En outre, en 2012, après avoir franchi au pre-

1. Pierre Lévy, *Cyberculture*, Paris, Odile Jacob, 1997, p. 17 : la cyberculture désigne « l'ensemble des techniques (matérielles et intellectuelles), des pratiques, des attitudes, des modes de pensée et des valeurs qui se développent conjointement à la croissance du cyberespace ».

2. Observatoire du numérique (en ligne : http://www.observatoire-du-numerique.fr/usages-2/grand-public/).

3. Syndicat national du jeu vidéo, « Le jeu vidéo en France en 2011 : éléments clés » (en ligne : http://www.snjv.org/data/document/jeu-video-france-2011.pdf).

4. 2011 National Gamers Survey (en ligne : http://www.newzoo.com/ENG/1587-National_Graphs_2011.html).

mier trimestre le meilleur chiffre d'affaires de son histoire [1], Apple révèle qu'elle a vendu en deux ans autant de tablettes iPad que d'ordinateurs Macintosh en vingt-quatre ans, soit 67 millions d'unités [2], chiffre qui passe du simple au double en janvier 2013 avec l'annonce de 120 millions d'iPad vendus dans le monde. Facebook, le géant des réseaux sociaux, affiche depuis octobre 2012 plus d'un milliard d'utilisateurs actifs [3], dont une large moitié consultent le service sur un mobile, ce qui permet à l'empire de Mark Zuckerberg d'amasser davantage d'informations sur plus d'individus qu'aucun autre dispositif dans l'Histoire [4].

Face à ces transformations aussi colossales que stupéfiantes, ce n'est pas se payer de mots que de parler de « révolution numérique », expression devenue aujourd'hui un véritable fait social. Mais qu'est-ce qui autorise à parler précisément de « révo-

1. Site Web officiel d'Apple, communiqué de presse du 24 janvier 2012 (en ligne : http://www.apple.com/fr/pr/library/2012/01/24Apple-Reports-First-Quarter-Results.html).

2. *VIPad.fr*, 28 avril 2012 (en ligne : http://www.vipad.fr/post/ventes-apple-ipad-chiffres-jour-annees).

3. « Facebook franchit la barre du milliard d'utilisateurs », *Le Monde.fr*, 4 octobre 2012 (http://www.lemonde.fr/technologies/article/2012/10/04/facebook-franchit-la-barre-du-milliard-d-utilisateurs_1770255_651865.html).

4. Somini Sengupta, « Facebook's Prospects May Rest on Trove of Data », *The New York Times*, 14 mai 2012 (en ligne : http://www.nytimes.com/2012/05/15/technology/facebook-needs-to-turn-data-trove-into-investor-gold.html).

lution » ? En quoi les changements induits par les technologies numériques méritent-ils d'être considérés comme « révolutionnaires » ? Qu'est-ce qui se renverse et se bouleverse, se réforme et se transforme, se déplace et se remplace, dans ce que l'on appelle la « révolution numérique » ? En un mot : de quoi la révolution numérique est-elle la révolution ?

C'est à ces questions que nous tentons de répondre dans ce livre, en montrant que cette « révolution numérique » n'est pas seulement un événement technique, mais également un événement philosophique. Tout comme Bachelard écrivait en 1934 que « la science crée en effet de la philosophie [1] », nous verrons comment la technologie crée de la philosophie, et comment les dispositifs numériques – comme tous les dispositifs techniques en général – sont des théories matérialisées du réel ou des philosophies réifiées de la réalité. Cela ne signifie pas seulement, comme le soulignait autrefois Gilbert Simondon, que « ce qui réside dans les machines, c'est de la réalité humaine, du geste humain fixé et cristallisé en structures qui fonctionnent [2] » ; cela veut dire que les dispositifs techniques sont – ont toujours été – des « machines philosophiques [3] »,

1. G. Bachelard, *Le Nouvel Esprit scientifique* (1934), Paris, Puf, « Quadrige », 1991, p. 7.

2. G. Simondon, *Du mode d'existence des objets techniques* (1958), Paris, Aubier, 2001, p. 12.

3. Nous empruntons cette expression à Jean-Claude Beaune, *L'Automate et ses mobiles*, Paris, Flammarion, 1980, p. 10.

c'est-à-dire des conditions de possibilité du réel ou, mieux, des générateurs de réalité. C'est ce que nous appelons des « matrices ontophaniques », c'est-à-dire des structures a priori de la perception, historiquement datées et culturellement variables.

Il est très exact de souligner avec Bernard Darras que, « en seulement vingt ans, la plus grande partie des activités humaines s'est déplacée dans les mondes numériques, et le développement des ordinateurs personnels, l'Internet et la téléphonie mobile ont radicalement changé notre relation avec le monde [1] ». Car avec la technologie il n'a jamais été question d'autre chose que de cela : notre relation avec le monde. C'est ce que nous ne cesserons de montrer : notre rapport-au-monde, comme rapport phénoménologique aux « choses mêmes », est fondamentalement conditionné par la technologie, et l'a toujours été. La révolution numérique n'est pas un commencement, mais un de ces recommencements « ontophaniques » comme il y en a peu dans l'Histoire. Pour le montrer, nous tenterons de construire « une véritable étude de philosophie des techniques [2] » qui dépasse la séduction fascinante (technophilie

1. B. Darras, « Aesthetics and Semiotics of Digital Design : The Case of Web Interface Design », Actes du colloque *The First INDAF International Conference*, Corée, Incheon, 2009, p. 11.

2. Daniel Parrochia, « L'Internet et ses représentations », *Rue Descartes*, n° 55 : « Philosophies entoilées », Paris, Puf, 2007, p. 10.

aveugle) ou la crainte respectueuse (technophobie facile) généralement attachées à l'Internet et aux nouvelles technologies.

2 – LA TECHNIQUE, OU LA QUESTION DE L'ÊTRE

La philosophie classique nous a habitués à penser que notre perception du réel résulte d'une interaction entre le sujet et l'objet. Comme si les objets et les sujets existaient en suspension ontologique, au-dessus du mouvement de l'Histoire, détachés des conditions du siècle. Comme si la situation de notre être-dans-le-monde, pour reprendre la formule de Martin Heidegger, était dissociée des thèmes de la culture. Comme si l'être-là (*Dasein*) définissait autre chose qu'un être-ici-et-maintenant. La métaphysique a toujours aimé se ranger derrière ce postulat substantialiste. Il lui permet d'éviter de penser le monde accidentel dans lequel nous vivons, au profit d'un monde général et essentiel, découpé à la manière scolastique en catégories universelles et éternelles. Et tant pis si l'être est toujours un produit d'époque. Tant pis si le réel est toujours coulé dans une culture. Priorité à l'ontologie substantialiste, qui coule dans les veines des philosophes depuis qu'ils sont sortis de la Caverne. Peter Sloterdijk, pourtant, a ouvert une voie nouvelle et féconde en montrant que le temps est venu pour la philosophie d'« expérimenter une nouvelle configuration entre l'ontologie et l'anthropologie » :

> Il s'agit à présent de comprendre que même la situation fondamentale de l'être humain, qui porte le nom d'être-au-monde et se caractérise comme l'existence ou comme le fait de se tenir à l'extérieur dans la clairière de l'Être, constitue le résultat d'une production dans le sens originel du terme [1].

Autrement dit, l'être est une *poïèsis*, c'est-à-dire une construction anthropotechnique. Pire : existier est le résultat d'une fabrication. Et la technique, conjuguée à d'autres facteurs, y prend une part active, pour ne pas dire majeure. L'homme n'est plus une essence, une substance séparée, mais un processus fabriqué, constamment à faire. Cet aspect de la pensée de Sloterdijk renforce les hypothèses de ce livre. La philosophie n'a plus rien à faire dans l'ontologie de la substance. Il est temps qu'elle consente, en intégrant les résultats empiriques des sciences sociales, à devenir onto-anthropologique. Peut-être comprendra-t-elle alors que le concept de « technique » lui-même est dépassé, parce qu'il porte l'idée substantialiste que la technique serait, à côté du monde des sujets, un royaume des objets. Les philosophes de la technique, hélas, nourrissent encore

1. P. Sloderdijk, *La Domestication de l'être*, Paris, Mille et une nuits, 2000, p. 19.

souvent cette illusion en parlant obstinément des « objets techniques », comme si seuls les objets étaient techniques. Or, non seulement « les produits de la culture matérielle ne sont pas des objets passifs mais des médiateurs de croyances, de représentations, d'habitudes et d'agences [1] » (d'où l'intérêt de parler, comme le font les Anglo-Saxons, de culture matérielle plutôt que de technique), mais encore c'est l'être lui-même qui est technique. Il y a de la technique non pas seulement dans les objets, mais dans les sujets.

La révolution numérique fonctionne alors comme une révélation numérique : elle nous fait découvrir que la question de l'être et celle de la technique sont une seule et même question. Parce que, si cela a toujours été vrai, cela n'a pas toujours été visible. Pour le saisir, il a fallu attendre que les technologies numériques nous apportent des « perceptions d'un monde inconnu », tout comme la physique moderne nous a apporté des « messages d'un monde inconnu [2] ». Ces perceptions inouïes, que nous tentons depuis les années 1970 d'intégrer plus ou moins bien dans le plan de nos habitudes phénoménologiques, sont celles qui proviennent des appareils

1. Bernard Darras et Sarah Belkhamsa, « Les objets communiquent-ils ? », *MEI : Médiation et information*, n° 30-31, Paris, L'Harmattan, 2009, p. 7.

2. Nous faisons bien entendu allusion ici aux propos de Bachelard au début de « Noumène et microphysique », in *Études* (1970), Paris, Vrin, 2002, p. 12.

numériques. En rupture totale avec la culture perceptive établie, ces perceptions nouvelles donnent accès à des êtres que nous n'avions jamais vus auparavant et à la réalité desquels nous peinons à croire. Ces êtres émergent de nos écrans et de nos interfaces et, non sans provoquer un certain vertige perceptif, bouleversent l'idée que nous nous faisons de ce qui est réel. Comme le souligne le psychologue Yann Leroux, « Internet impose de réfléchir sur ce que nous appelions jusque-là sans trop y penser “la réalité”[1] ». Et la question est intensément philosophique. Que dire en effet de l'être de cette chose à la fois sensible et intelligible qu'est une icône de menu dans une interface numérique, un avatar sur les réseaux sociaux ou un personnage virtuel dans un jeu vidéo ? Est-ce la même chose qu'un morceau de cire ? Ou bien s'agit-il plutôt d'un morceau de matière-esprit ? À moins que ce ne soit l'une de ces réalités qu'on appelle « virtuelles » ? Mais que se cache-t-il derrière ce terme trompeur, « virtuel » ? Quel est l'être des êtres numériques ? Et surtout : que font-ils à notre être ? Que devient notre être-dans-le-monde à l'heure des êtres numériques ?

Ce livre est une recherche philosophique. Il vise un renouvellement conceptuel dans l'analyse de la

1. Y. Leroux, « Psychodynamique des groupes sur le réseau Internet », thèse de doctorat en psychologie sous la direction de Serge Tisseron, Université Paris X-Nanterre, 20 décembre 2010, disponible à l'Observatoire des mondes numériques en sciences humaines, version PDF, p. 78.

technique en général, et des technologies numériques en particulier. Il a pour objectif de déconstruire « dans toute sa pesante balourdise [1] » le concept de *virtuel*. Bien qu'il soit d'origine philosophique, celui-ci n'est pas pertinent pour saisir philosophiquement la nature du phénomène numérique. Vingt années d'accoutumance quotidienne aux interfaces nous montrent que la dimension de la virtualité n'est qu'une parmi d'autres dans les expériences que nous vivons avec les appareils numériques. Nous avons besoin de nouveaux concepts, plus aptes à saisir la complexité réelle du phénomène numérique et susceptibles d'éclairer plus en profondeur le sens de ce que nous éprouvons en face des interfaces. C'est pourquoi ce livre propose d'introduire le concept général d'*ontophanie* et, grâce à lui, d'évaluer le fait numérique sous l'angle phénoménologique. De manière générale, ce livre est une méditation sur la technique et la perception. Le numérique y est étudié comme *phénomène*, c'est-à-dire comme ce qui apparaît et se donne au sujet, à travers les interfaces et grâce à elles.

1. Expression de Walter Benjamin à propos de l'art, sur laquelle nous reviendrons.

Chapitre 1

La technique comme système

> « Après tout, il y a plus dans la technique elle-même que dans tout ce que les philosophies au goût du jour ont articulé à son propos. »
>
> Jean-Pierre Séris, *La Technique* [1]

À l'orée du XXIe siècle, la technique se présente plus que jamais comme un phénomène d'une complexité infinie et d'une diversité insaisissable. L'immense accumulation des outils et des procédés, des savoir-faire et des inventions, des machines et des artefacts forme à elle seule un ensemble vertigineux et pour ainsi dire démesuré, dont l'histoire se confond avec l'histoire de la civilisation elle-même. L'unité du phénomène semble d'autant plus difficile à appréhender que celui-ci se définit d'emblée comme multiple : « le terme même est le plus souvent employé au pluriel : il y a des techniques textiles

1. Paris, Puf, 1994, p. 378.

comme des techniques sidérurgiques [1] » et, peut-on ajouter aujourd'hui, des techniques numériques. En outre, chaque technique considérée en elle-même n'est en réalité qu'une « combinaison technique [2] » : elle peut être décomposée en *opérations*, qui nécessitent des *outils*, qui s'appliquent à des *matières*, que l'on transforme grâce à des *énergies*.

Autrement dit, du stade le plus élémentaire (la technique d'abattage d'arbre) au stade le plus complexe (la technique nucléaire), la technique est toujours un processus combinatoire qui implique une diversité de facteurs. Cependant, comme l'a bien montré Bertrand Gille dans la monumentale *Histoire des techniques* à laquelle nous sommes redevables, il existe plusieurs niveaux de combinaison technique, dont la complexité est croissante et dont l'analyse permet de dégager, au sein du phénomène technique, une certaine homogénéité sous le nom de « système technique ».

3 – QU'EST-CE QU'UN « SYSTÈME TECHNIQUE » ?

Le premier niveau de combinaison technique, c'est celui qu'on observe au stade de l'outil ou de la

1. B. Gille, *Histoire des techniques*, Paris, Gallimard, « Encyclopédie de la Pléiade », 1978, p. 11.
2. *Ibid.*

machine, considérés comme « combinaisons unitaires » capables de structurer des matières en vue d'accomplir une tâche donnée. C'est le niveau de la « structure technique », par exemple une scie (structure élémentaire), un métier à tisser (structure complexe) ou bien, à l'ère électronique, un transistor.

Le deuxième niveau est celui qui se forme lorsque plusieurs techniques affluentes concourent ensemble à un acte technique complexe, par exemple la fabrication industrielle de la fonte par la technique du haut-fourneau, laquelle implique à la fois l'extraction de minerai, la combustion de charbon, la cuisson au coke, l'armature du fourneau lui-même, les mécanismes d'élévation et de soufflerie, etc. C'est le niveau de « l'ensemble technique » dans lequel « chaque partie est indispensable au résultat cherché [1] ». À l'ère numérique, on en trouve un exemple dans la fabrication industrielle du micro-processeur, composant essentiel des micro-ordinateurs, qui implique à la fois l'électrométallurgie permettant la production du silicium (en anglais *Silicon*, d'où la célèbre *Valley* éponyme), la micro-électronique permettant de relier entre eux – sur un circuit intégré ou « puce de silicium » – des millions de semi-conducteurs qu'on appelle « transistors », et l'informatique entendue comme « science ou technologie du traitement automatique de l'information [2] ».

1. *Ibid.*, p. 16.

2. Franck Varenne, *Qu'est-ce que l'informatique ?*, Paris, Vrin, 2009, p. 12.

Le troisième niveau est atteint lorsque plusieurs « ensembles techniques » se combinent à leur tour pour constituer un segment cohérent de production, dédié à la fabrication d'un type de produit particulier pour l'utilisateur final. C'est le niveau de la « filière technique », que Bertrand Gille définit comme une « suite d'ensembles techniques destinés à fournir le produit désiré [1] ». On en trouve un bon exemple dans l'industrie textile, conçue comme filière de la production de vêtements, de linge ou de matériaux composites, regroupant des « ensembles » différents tels que la transformation des fibres naturelles ou synthétiques, la filature, le tissage, la teinture, le blanchiment, etc. Elle illustre bien cet « échelonnement des techniques les plus diverses qui concourent à la marche du complexe technique que représente la filière [2] ». À l'ère numérique, on peut prendre comme exemple l'industrie informatique elle-même, en tant que filière de la production de micro-ordinateurs, d'appareils en réseaux, de terminaux mobiles, de logiciels, d'applications, d'algorithmes de traitements de données, bien que, sous l'effet de ce que l'on appelle l'« innovation ascendante » (*bottom-up*) ou l'« innovation par l'usage » [3], cette production ne soit pas seu-

1. B. Gille, *Histoire des techniques*, *op. cit.*, p. 16.
2. *Ibid.*, p. 17.
3. Notion due à Eric von Hippel, *Democratizing Innovation*, Cambridge (MA), MIT Press, 2005. Cité par Dominique Cardon, « De l'innovation ascendante », *InternetActu*, juin 2005 (en ligne : http://www.internetactu.net/2005/06/01/de-linnovation-ascendante/).

lement industrielle. Quoi qu'il en soit, la filière technique selon Bertrand Gille se rapproche peu ou prou de ce qu'on appelle en économie un « secteur », considéré comme un appareil de production unique regroupant à la fois des familles de produits similaires et des familles de métiers cohérents.

Il reste alors à décrire le quatrième niveau, qui englobe les précédents tout en les dépassant : celui de cohérence générale que forment, en incluant les différents niveaux de combinaison technique antérieurs, toutes les techniques d'une époque lorsque celles-ci, parvenant en même temps à leur plus haut degré de maturité, deviennent interdépendantes et s'organisent en un vaste ensemble homogène et caractéristique :

> Toutes les techniques sont, à des degrés divers, dépendantes les unes des autres, et il faut nécessairement entre elles une certaine cohérence : cet ensemble de cohérences aux différents niveaux de toutes les structures, de tous les ensembles et de toutes les filières, compose ce que l'on peut appeler un *système technique*[1].

Lorsque tous les degrés de combinaison technique parviennent ainsi à l'équilibre, ce qui peut nécessiter plusieurs siècles, on obtient un système technique « viable », qui s'impose comme modèle et qui, après son apogée, perdure jusqu'à ce que de nou-

1. B. Gille, *Histoire des techniques*, *op. cit.*, p. 19 (souligné par B. Gille).

velles innovations le conduisent à être dépassé. Mais pour atteindre cet équilibre, il faut qu'« un niveau commun à l'ensemble des techniques se trouve réalisé [1] ». Les exemples les plus significatifs sont ceux du système technique prémécanique, qui s'élabore en Occident à partir du XVe siècle dans le foisonnement inventif des « ingénieurs de la Renaissance [2] », ou du système technique mécanisé (premier système technique industriel), qui parvient à maturité autour de 1850 grâce au développement conjoint des techniques du métal, de la machine à vapeur et du charbon, déclenchant la première révolution industrielle et la mécanisation de la production [3].

Dès lors, le système technique représente le plus haut niveau de combinaison technique observable dans une société, en ceci qu'il agrège de manière ordonnée et cohérente tous les niveaux de combinaison technique inférieurs. Il est la forme sociale incarnée du phénomène technique considéré dans sa globalité et dont il permet de décrire l'organisation concrète. À ce titre, il est une structure sociale fondamentale, impliquée dans ce qui fait l'identité d'une époque. Il permet de réduire la diversité du phénomène technique à ses expressions essentielles et his-

1. *Ibid.*

2. B. Gille, *Les Ingénieurs de la Renaissance* (1964), Paris, Le Seuil, 1978.

3. Siegfried Giedion, *La Mécanisation au pouvoir* (1948), Paris, Centre Georges-Pompidou / CCI, 1980.

toriquement vérifiables. C'est pourquoi il est l'objet d'étude privilégié de l'historien : « les amoureux de découpages chronologiques peuvent ainsi définir un certain nombre de systèmes techniques qui se sont succédé au cours des siècles [1] ». C'est ce à quoi s'emploie Bertrand Gille, fondant du même coup l'approche systémique en histoire de la technique, dont nous adoptons ici les principes et les résultats car il nous faut fonder la philosophie de la technologie sur l'histoire des techniques, tout comme l'épistémologie, depuis Bachelard, est fondée sur l'histoire des sciences. Ne jamais dissocier le propos philosophique du matériau historique est le seul moyen d'échapper à l'arbitraire de l'idéologie. Le philosophe de la technique doit d'abord, selon le mot de Simondon, être un « mécanologue ».

4 – Contre le « système technicien » et le fétichisme de la technique

Lorsque Bertrand Gille publie son *Histoire des techniques* en 1978, il fait suite au célèbre ouvrage de Jacques Ellul, *Le Système technicien*, publié en 1977. Dans ce livre tourmenté, qui répond avant tout aux angoisses de son temps, Ellul propose lui aussi une

1. B. Gille, *Histoire des techniques*, *op. cit.*, p. 19.

analyse de la technique en termes de système : « La Technique ne se contente pas d'être, et, dans notre monde, d'être le facteur principal ou déterminant, elle est devenue Système [1] », déclare-t-il. Tout comme Gille, Ellul convoque la notion de système au sens de l'interdépendance des techniques :

> Elle est système en ce que chaque facteur technique (telle machine, par exemple) est d'abord relié, relatif à, dépendant de l'ensemble des autres facteurs techniques, avant d'être en rapport avec des éléments non techniques [2].

Mais il lui donne ensuite une tout autre signification. Contrairement à Gille, qui montre que la technique fait système à toutes les époques, Ellul défend l'idée que la systématicité technique serait caractéristique de l'âge contemporain, dont elle constituerait en quelque sorte le symptôme. Ce parti pris, peu vérifiable sur le plan historique, s'explique par le combat idéologique qui sous-tend la démarche et qui, malgré le talent de l'auteur, frise souvent la caricature : « Il y a système comme on peut dire que le cancer est système [3] ». Dès lors, Ellul nomme *système technicien* « la conjonction entre le phénomène technique et le progrès technique [4] », le premier désignant pour lui

1. J. Ellul, *Le Système technicien* (1977), Paris, Le Cherche Midi, 2004, p. 13.
2. *Ibid.*, p. 92.
3. *Ibid.*
4. *Ibid.*, p. 91.

l'impératif rationnel généralisé de rendement optimal, le second la capacité qu'a la technique de produire son propre changement de manière autonome (auto-accroissement) – comme si elle avait un peu de cette « force formatrice »[1] dont Kant a pourtant montré qu'elle est l'apanage des seuls êtres vivants. Dans cette perspective, le système technicien « ne laisse pas le corps social intact » et envahit toutes les sphères de l'existence :

> Il y a technicisation totale lorsque chaque aspect de la vie humaine est soumis au contrôle et à la manipulation, à l'expérimentation et à l'observation, de façon que l'on obtienne partout une efficacité démontrable[2].

Et comme un malheur ne vient jamais seul, la technique est accusée par Ellul d'être la grande responsable de cet épuisement du sens à l'ère de la consommation des signes, dénoncée à la même époque par Jean Baudrillard[3]. Ainsi, poursuit Ellul, c'est « la technique [qui] efface le principe même de la réalité », car « c'est elle qui fait apparaître ce non-réel qui est pris pour un réel (les biens de consommation, ou l'activité politique) par son propre processus de diffusion, par l'image – et c'est elle qui "se cache"

1. Emmanuel Kant, *Critique de la faculté de juger* (1790), Paris, Vrin, 2000, § 65.

2. J. Ellul, *Le Système technicien*, *op. cit.*, p. 93.

3. J. Baudrillard, *La Société de consommation* (1970), Paris, Gallimard, « Folio », 1996.

(bien entendu il n'y a là aucune volonté délibérée, il n'y a aucun anthropomorphisme !!) [*sic*] derrière ce jeu lumineux d'apparences[1] ». Bien entendu. La dénégation est si grossière qu'il est impossible d'en éviter l'interprétation. Dotée d'intentions, la technique est présentée comme une personne abstraite poursuivant ses propres fins, de manière autonome et indépendante des hommes. Quelle déception de voir ce grand penseur de la technique verser dans un tel écueil, à coups de protestations pour s'en défendre qui ne font que le trahir un peu plus… Gilbert Simondon avait pourtant très tôt mis en garde :

> Un homme cultivé ne se permettrait pas de parler des objets ou des personnages peints sur une toile comme de véritables réalités, ayant une intériorité, une volonté bonne ou mauvaise. Ce même homme parle pourtant des machines qui menacent l'homme comme s'il attribuait à ces objets une âme et une existence séparée, autonome, qui leur confère l'usage de sentiments et d'intentions envers l'homme[2].

Il faut dire que la majorité des philosophes du XXe siècle – Simondon mis à part – ne sont guère parvenus à dépasser le niveau de l'angoisse dans l'analyse du phénomène technique. En 1953, Heideg-

1. J. Ellul, *Le Système technicien*, *op. cit.*, p. 27-28. Les parenthèses et points d'exclamation, très significatifs, sont de l'auteur.
2. G. Simondon, *Du mode d'existence des objets techniques*, *op. cit.*, p. 10.

ger ne voit en elle qu'un phénomène d'« arraisonnement de la nature [1] » qui sanctionne définitivement l'oubli de l'être. En 1964, Herbert Marcuse estime que, « devant les aspects totalitaires de cette société, il n'est plus possible de parler de “neutralité” de la technologie » car selon lui « la société technologique est un système de domination qui fonctionne au niveau même des conceptions et des constructions des techniques [2] ». En 1968, Jürgen Habermas l'envisage comme une « idéologie » couplée à la science, à la production industrielle et à la technocratie étatique [3]. Aussi, lorsqu'Ellul présente en 1977 le *système technicien* comme « un objet en soi [4] », dont le développement s'imposerait aux hommes autant qu'il serait indépendant d'eux, il parachève trente ans de condamnation idéologique de la technique envisagée comme responsable tout à la fois de l'abrutissement de l'homme, de l'aliénation capitaliste et du désenchantement du monde.

C'est ce qui a conduit la philosophie de la technique au XXe siècle à s'enfermer dans l'angoisse éthique, centrée sur l'analyse tourmentée de l'imprévisibilité du progrès technique, condamné à l'irres-

1. Martin Heidegger, « La question de la technique » (1953), *Essais et Conférences*, Paris, Gallimard, 1958.

2. H. Marcuse, *L'Homme unidimensionnel* (1964), Paris, Minuit, 1968, Introduction.

3. J. Habermas, *La Technique et la science comme « idéologie »* (1968), Paris, Gallimard, « Tel », 1990.

4. J. Ellul, *Le Système technicien*, *op. cit.*, p. 96.

ponsabilité d'un processus sans sujet[1]. Gilbert Hottois, à qui l'on doit l'expression « techno-science », défend en 1984 dans *Le Signe et la Technique* – ouvrage préfacé par Jacques Ellul – cette idée que la technique obéirait à un processus de « croissance autonome aveugle » qui menacerait la possibilité même de l'éthique en consacrant l'an-éthicité du progrès technique, lequel serait doté d'une « transcendance noire ». Ces propos sonnent comme « des mots d'ordre de théologiens[2] » et donnent plus que jamais raison aux remarques bien senties de Jean-Pierre Séris :

> [...] croyant défendre des paradoxes quand ils banalisent des contre-vérités, [...] les philosophes semblent avoir trouvé leur plus grand dénominateur commun dans la dénonciation de la technique[3].

Dans cette perspective (très) idéologique et marquée par la figure de Jacques Ellul, dont les ouvrages ont eu un retentissement international, la notion de « système » paraît uniquement utilisée pour désigner de manière savante, soit pour faire autorité, une réalité qui est fantasmatique et bien éloignée de la réalité. Nous sommes face à ce qu'il faut appeler, selon le concept de Karl Marx à propos de la marchandise,

1. Voir Daniel Cérézuelle, « Technique et désir chez Jean Brun », *in* Pascal Chabot et Gilbert Hottois (dir.), *Les Philosophes et la technique*, Paris, Vrin, 2003, p. 218-220.

2. La formule est de Jean-Pierre Séris.

3. J.-P. Séris, *La Technique*, *op. cit.*, p. 377.

un *fétichisme de la technique*. Par là, il faut entendre la tendance à croire que la technique est une chose en soi, dotée d'une volonté abstraite qui dirige le cours des événements humains en poursuivant ses propres fins, comme un processus sans sujet. Osons le dire, il s'agit là d'une forme de pensée magique, rationalisée a posteriori. Aussi brillamment intellectualisé soit-il, ce fétichisme de la technique n'est rien d'autre que l'expression d'un imaginaire anxieux construit sur l'angoisse de perdre le contrôle de la société industrielle. Tout se passe alors comme si le philosophe ne pouvait être, dans ce contexte, que celui qui s'en inquiète et porte cette inquiétude dans le débat public, où il est assuré de trouver des esprits qui ne demandent qu'à être confirmés dans leur peur de la technique par un grand philosophe (cette mode philosophique se poursuit aujourd'hui avec la passion un peu ridicule du « transhumanisme » et le thème des « post-humains »). Accabler la technique devient le seul moyen de conjurer l'angoisse et révèle une incapacité à analyser le phénomène technique de manière objective et raisonnée. C'est ce que Jean-Pierre Séris nomme la « misotechnie », cette haine moderne de la raison (technique) qui domine chez les philosophes du XXe siècle :

> La technophobie contemporaine est largement répercutée par le discours de ceux qui font profession de philosophie, sous une forme qui rappelle cette « misologie » ou haine de la raison, contre laquelle

Platon dans le *Phédon*, et Kant dans les *Fondements de la métaphysique des mœurs* mettent en garde les amoureux déçus du logos. La « misotechnie » est la forme moderne de la « misologie ». Elle nous renseigne sur la philosophie du jour, à défaut de nous instruire vraiment sur la technique [1].

On ne saurait mieux dire. Le « système technicien » ne représente rien d'autre que le moyen de subsumer sous un vocable savant une angoisse ordinaire et dont un tel concept se veut le remède maladroit, à l'époque du « désenchantement du monde » (Max Weber). La nouvelle philosophie de la technologie à entreprendre doit s'engager dans une tout autre voie, en accord avec la réalité objective du phénomène technique, telle qu'elle est manifestée par l'histoire des techniques et le terrain des pratiques de conception.

5 – De la technique comme valeur culturelle : la leçon du design

La philosophie doit beaucoup aux cultures du dehors, que ce soit la culture scientifique, la culture artistique ou la culture politique, pour ne citer que les plus classiques. C'est si vrai que Georges Canguilhem

1. *Ibid.*, p. 375.

faisait de cet attachement de la philosophie à un dehors la condition pour qu'elle possède un dedans : « la philosophie est une réflexion pour qui toute matière étrangère est bonne, et nous dirions volontiers pour qui toute bonne matière doit être étrangère [1] », écrit-il. Cependant, comme l'a montré très tôt Gilbert Simondon, seul contre tous, cette exploration de la philosophie dans les cultures du dehors s'est toujours faite de manière à exclure arbitrairement la culture technique, au motif douteux qu'elle ne serait précisément pas une culture, mais une simple panoplie d'instruments sans consistance symbolique :

> La culture est déséquilibrée parce qu'elle reconnaît certains objets, comme l'objet esthétique, et leur accorde droit de cité dans le monde des significations, tandis qu'elle refoule d'autres objets, et en particulier les objets techniques, dans le monde sans structure de ce qui ne possède pas de significations, mais seulement un usage, une fonction utile [2].

Cette castration culturelle de la technique par le surmoi philosophique, si l'on ose dire, explique en grande partie l'existence et le succès des idéologies technophobes au XXe siècle, auxquelles on doit l'accroissement de ce phénomène déplorable : « la culture s'est constituée en système de défense contre

1. G. Canguilhem, *Le Normal et le Pathologique* (1966), Paris, Puf, « Quadrige », 1996, p. 7.
2. G. Simondon, *Du mode d'existence…*, *op. cit.*, p. 10.

les techniques [1] ». Or, plaide Simondon, ce qui réside dans les machines, ce n'est pas une rationalité aveugle et abstraite, instrument d'une aliénation inévitable, « c'est de la réalité humaine, du geste humain fixé et cristallisé en structures qui fonctionnent [2] », au même titre que dans les œuvres d'art, les théories scientifiques ou l'action politique. Pour nous qui mesurons l'humanité profonde de l'ère numérique, il s'agit là d'un axiome évident, mais la « prise de conscience du sens des objets techniques [3] », que Simondon appelait de ses vœux en 1958, a mis longtemps à pénétrer les esprits et semble encore peiner à le faire. Trente ans plus tard, François Dagognet le clame encore, comme si l'idée n'était toujours pas acquise :

> L'objet est « un fait social total » : il faut que le « philosophe-séméiologue » apprenne à le lire, décrypte, sur sa carapace ou dans ses seules lignes, le culturel qui s'y loge [4].

Il faut bien admettre que l'effort des philosophes français dans cette direction demeure encore timide – même s'il faut saluer le travail remarquable de l'école de Lyon avec les recherches d'un François Dagognet, d'un Jean-Claude Beaune, d'un Daniel Parrochia ou de quelques exceptions étincelantes,

1. *Ibid.*, p. 9.
2. *Ibid.*, p. 12.
3. *Ibid.*, p. 9.
4. F. Dagognet, *Éloge de l'objet*, Paris, Vrin, 1989, p. 40.

comme Jean-Pierre Séris. Car, comme le souligne Gilbert Hottois, « en France, on ne rencontre quasi exclusivement que des philosophes qui ont traité de la technique de manière occasionnelle [1] », à quoi Canguilhem pourrait ajouter : « attentifs qu'ils ont été avant tout à la philosophie des sciences [2] ».

Si la prise de conscience a toutefois commencé, nous le devons moins aux philosophes qu'aux institutions, dont l'ouverture à la culture technique remonte au début des années 1970 avec la création, au sein du Centre Georges-Pompidou, à Paris, du Centre de création industrielle. « Longtemps écartée du musée par le XIXe siècle, la production mécanisée est enfin reconnue non seulement comme document, mais comme art à part entière [3] », note Jean-Pierre Séris. Dans les décennies suivantes, les produits de la technique s'intègrent à la programmation des musées, jusqu'à faire naître des institutions dédiées comme la Cité des sciences et de l'industrie, créée en 1986, ou faire entrer des produits high-tech dans les plus hauts lieux culturels, comme lors de l'exposition « Game Story : une histoire du jeu vidéo », programmée au Grand Palais à la fin de l'année 2011.

1. G. Hottois, « Les philosophes et la technique – Les philosophes de la technique », *in* P. Chabot et G. Hottois (dir.), *Les Philosophes et la technique*, *op. cit.*, p. 16.

2. G. Canguilhem, « Machine et organisme » (1952), in *La Connaissance de la vie*, Paris, Vrin, 1993, p. 157.

3. J.-P. Séris, *La Technique*, *op. cit.*, p. 268.

À l'heure où, sous l'effet des technologies numériques, la technique connaît des développements planétaires inédits, il est temps pour la philosophie d'achever à son tour la prise de conscience en acceptant la culture technique comme un dehors qui peut instruire son dedans au même titre que la culture artistique ou la culture scientifique. Il est temps de lever le refoulement de la culture technique par l'inconscient philosophique. Pour y parvenir, une nouvelle porte d'entrée dans la culture technique s'offre au regard. En effet, abordant la technique soit à l'aune exclusive de la science, soit à l'aune exclusive de l'éthique, les idéologies technophobes du XXe siècle ont ignoré un événement culturel majeur de leur temps : l'alliance de la technique et de l'art.

Or de cette alliance est née une nouvelle culture industrielle qui a traversé tout le siècle et qu'on appelle le design. Lorsque l'architecte Peter Behrens, membre du Deutscher Werkbund (association d'artistes engagés dans la promotion des arts appliqués), devient en 1907 directeur artistique d'AEG, entreprise d'industrie électrotechnique dont il conçoit aussi bien les produits, l'image de marque, le logo, le papier à lettres, les usines que les logements d'ouvriers, c'est bien le design qui est né. Le design tel que l'avait conçu Henry Cole, qui en a inventé le nom en 1849 dans le premier numéro du *Journal of Design and Manufactures*, et qui le définissait comme un moyen de « marier le grand art avec l'habileté mécanique [1] ». De même, lorsque Raymond Loewy redessine à partir des années 1930 toute la panoplie des objets du consommateur américain, de la locomotive au taille-crayon, en leur donnant ces formes lisses, arrondies et profilées, caractéristiques du *Streamline* ou style « paquebot », c'est encore le design – que les Américains nomment *industrial design* et les Français « esthétique industrielle [2] » – qui connaît sa première heure de gloire. Il n'empêche que, tout au long du siècle, les philosophes l'ont ignoré, sans s'apercevoir qu'une discipline à part entière était née, dont l'histoire est aujourd'hui établie, les pratiques professionnelles identifiées, les établissements de formation mondialement répertoriés, les méthodes de travail déterminées et les acteurs majeurs connus de tous [3].

Mais de quoi le design est-il la naissance ? D'une nouvelle culture qui mêle à la fois l'art, la technique, l'industrie, l'ingénierie, la science, la philosophie et les sciences sociales, et qui est portée par l'espoir de l'innovation mise au service de l'homme. Il porte l'alliance créative de plusieurs disciplines autrefois disjointes, qui se cristallisent dans une culture intellectuelle située au carrefour de la pensée et de

1. Henry Cole, cité par Alexandra Midal, *Design : introduction à l'histoire d'une discipline*, Paris, Pocket, 2009, p. 33-34.

2. Expression due à Jacques Viénot. Voir Étienne Souriau, *Vocabulaire d'esthétique* (1990), Paris, Puf, « Quadrige », 2004, p. 880 et suiv.

3. Voir S. Vial, *Court Traité du design*, Paris, Puf, 2010.

l'action. Celle-ci a progressivement recomposé le processus industriel en remettant l'humain au cœur de la conception et de la production, même si c'est parfois au prix de certaines dérives marchandes. C'est en ce sens que Jean-Pierre Séris peut dire que « le design postmoderne se distingue [...] par le retour en force du "sens"[1] ». Cela modifie radicalement la nature et la forme du phénomène technique : « le beau, tout le monde l'avouera, est passé du côté de la technique industrielle, et il a émigré du champ de l'art, désormais affranchi de sa tutelle[2] ».

La technique contemporaine n'a plus rien à voir avec la laideur sociale des hauts-fourneaux du XIXe siècle, la misère des installations minières du *Germinal* de Zola, ou la barbarie des chambres à gaz de l'Allemagne nazie, dont l'ombre a longtemps pesé sur la philosophie. À l'orée du troisième millénaire, au cœur de ce que Bernard Stiegler appelle « l'époque hyperindustrielle[3] », la technique contemporaine se situe plutôt du côté de l'élégance et l'efficacité des produits de la marque Apple, de l'esthétique subtile des usines de la marque Ricola (comme celle de Mulhouse, construite dans les années 1990 par les architectes Herzog & De Meuron), ou encore de la légèreté des bicyclettes Vélib', les vélos en libre-

1. J.-P. Séris, *La Technique*, *op. cit.*, p. 266.

2. *Ibid.*, p. 267.

3. B. Stiegler, *De la misère symbolique*, tome 1. *L'Époque hyperindustrielle*, Paris, Galilée, 2004.

service de la ville de Paris, dont les bornes ont été dessinées par le designer Patrick Jouin.

Impossible, dans ces conditions, de persévérer dans l'entêtement technophobe. L'apparition du design bouleverse l'ordre des valeurs culturelles en intégrant la culture technique, avec celles qui lui sont associées, au « monde des significations ». Plus encore : le génie créatif industriel est devenu une région à part entière du génie humain, digne d'inspirer les philosophes au moins autant que le génie artistique, scientifique ou politique. « La technique, rappelle Jean-Pierre Séris, dans son interaction de plus en plus étroite et constante avec les sciences sous tous leurs aspects, est une activité intellectuelle d'aussi haut niveau que la science »[1]. Car le génie ne fait pas de discrimination, il s'introduit là où on lui fait une place : dans la théologie médiévale comme dans la peinture de la Renaissance, dans la physique moderne comme dans l'industrie informatique. Le génie de Galilée et celui de Marcel Duchamp méritent autant de figurer au panthéon de l'intelligence que celui de Richard Stallman ou de Steve Jobs. Aussi, de même que le philosophe de l'art tient compte de ce que disent les artistes pour analyser la pratique artistique, de même que le philosophe des sciences tient compte du discours des savants pour analyser l'activité scientifique, le philosophe de la technique doit tenir compte du

1. J.-P. Séris, *La Technique*, *op. cit.*, p. 280.

discours des industriels, des ingénieurs, des designers et des innovateurs pour espérer comprendre la réalité technologique.

Prenons leçon chez l'un des plus grands créateurs industriels de l'époque, fondateur de la multinationale Apple, Steve Jobs, dont la récente et brutale disparition donne encore plus de relief à son héritage :

> Les gens d'Hollywood et des industries de contenu s'imaginent que la technologie est quelque chose qu'on achète. Ils ne saisissent pas l'élément « créativité » de la technologie [1].

Ce qui est vrai pour les « gens d'Hollywood » l'est également pour nombre de philosophes : l'élément « créativité » n'est pas celui auquel ils associent traditionnellement la technique ; c'est pourquoi ils n'ont pas vu naître le design (qui repose précisément sur cette association) et n'ont pas les moyens d'échapper à l'épouvantail trans- ou post-humaniste. En cela, Steve Jobs ne fait que prolonger l'inspiration d'Henry Cole, en lui donnant une ampleur que ce dernier n'aurait pu espérer. En témoigne le succès des produits Apple et la « philosophie de la technologie » qui les inspire :

1. S. Jobs, entretien pour CNN Tech, juin 2011. Cité par George Beahm, *iSteve : intuitions, pensées et sagesses de Steve Jobs*, Paris, Michel Lafon, 2011, p. 31.

> La technique seule n'est pas suffisante. C'est quand la technologie épouse les arts libéraux et les humanités qu'elle parvient à faire chanter nos cœurs [1].

On ne saurait se situer plus loin de « l'arraisonnement de la nature » d'un Heidegger ou du « système technicien » d'un Jacques Ellul. Pour tout dire, on est proche de la poésie industrielle, comme en témoigne encore cette confidence toute personnelle mais édifiante :

> Le mouvement hippie a débuté quand j'étais à la fin de l'adolescence, c'est une culture que je connais très bien. À la base, on trouve l'idée que la vie peut offrir autre chose que ce qu'on voit tous les jours. C'est la même idée qui pousse les gens à vouloir devenir poètes au lieu de banquiers. Je trouve ça merveilleux. J'ai la certitude qu'on peut intégrer cet état d'esprit dans des produits fabriqués en usine [2].

« Intégrer cet état d'esprit dans des produits fabriqués en usine », comprenons : introduire du merveilleux dans les objets industriels. Telle est bien l'idée artistique de la technique (industrielle) qui préside aux décisions de la deuxième entreprise mondiale en termes de capitalisation boursière, Apple,

1. Steve Jobs, discours de présentation de l'iPad, 2010. Cité par Steven Johnson, « Marrying Tech and Art », *The Wall Street Journal*, 27 août 2011(en ligne : http://online.wsj.com/article/SB10001424053111904875404576532342684923826.html).

2. S. Jobs, *in* Robert X. Cringely, *The Triumph of the Nerds: The Rise of Accidental Empires*, doc. TV cité.

leader de l'innovation technologique. La philosophie de la technologie peut-elle encore l'ignorer ?

D'aucuns ne manqueront pas de voir dans ces déclarations les slogans d'un marchand d'électronique ne prêtant attention qu'à l'efficacité mercatique indiscutable de tels propos. Mais formulons le postulat (risqué mais heuristique) que ces propos sont sincères et que le fait de vendre des produits n'empêche pas d'avoir des idéaux, pas moins que de vendre des toiles ou de breveter des inventions. Dans le cas de Steve Jobs, c'est même très exactement le contraire : les produits Apple sont des incarnations plutôt réussies de ses idéaux personnels, au point que l'histoire de l'entreprise et celle de son fondateur sont indissociables [1], ce qui n'est pas sans rappeler, comme le voulait Bergson, « cette indéfinissable ressemblance qu'on trouve parfois entre l'œuvre et l'artiste [2] ».

Il n'est pas douteux que la technique peut être porteuse de valeurs et que, grâce au génie industriel, elle mérite au plus haut point le nom de culture : « C'est le monde technique lui-même qui est porteur de sens [3] », souligne Jean-Pierre Séris.

Mais le plus remarquable est qu'un tel phénomène se vérifie en marge du monde industriel lui-

1. Voir Walter Isaacson, *Steve Jobs*, Paris, Jean-Claude Lattès, 2011.

2. Henri Bergson, *Essai sur les données immédiates de la conscience* (1889), Paris, Puf, « Quadrige », 1993, p. 129.

3. J.-P. Séris, *La Technique*, *op. cit.*, p. 383.

même. Le mouvement du logiciel libre, par exemple, initié en 1985 par l'informaticien Richard Stallman avec la création de la Free Software Foundation, en est une illustration majestueuse. En proposant aux programmeurs du monde entier de placer le fruit de leur travail sous licence libre (*copyleft*), en dehors de toute logique de brevet (*copyright*) et en marge de tout circuit industriel ou commercial, Richard Stallman a été à l'origine d'une véritable révolution morale et juridique au sein du secteur informatique, laquelle a fini par influencer la société tout entière. Quand on parle du mouvement du logiciel libre, on pense immédiatement à ses valeurs de générosité et de partage, de solidarité et d'échange, en tant qu'elles peuvent contribuer à l'édification d'un monde meilleur (et, pourquoi pas, inspirer une économie nouvelle). Le succès de Wikipedia en est l'exemple le plus éclatant, mais il est loin d'être le seul. En quelques années, l'esprit de l'*open source* a pénétré tous les domaines de la conception, recomposant peu à peu les logiques industrielles autour des valeurs de partage communautaire et de collaboration contributive. Lawrence Lessig, professeur de droit à l'université de Stanford, peut ainsi dire de Richard Stallman :

> Chaque génération a son philosophe, un écrivain ou un artiste qui capte l'air du temps. Quelquefois, ces philosophes sont reconnus comme tels ; souvent cela prend des générations avant qu'ils soient reconnus. Mais reconnus ou pas, un temps reste marqué

> par les gens qui parlent de leurs idéaux, dans le murmure d'un poème ou l'explosion d'un mouvement politique. Notre génération a un philosophe. Il n'est ni artiste, ni écrivain professionnel. Il est programmeur [1].

Qui aurait pu croire, il y a encore cinquante ans, que les utopies culturelles du XXIe siècle seraient portées par des techniciens ? La technique n'est plus le spectre du siècle. Elle est capable de produire des valeurs dignes d'édifier l'homme et la société. La culture philosophique doit non seulement en prendre acte, mais aussi en tirer une leçon : réapprendre l'enthousiasme. Par « enthousiasme » il faut entendre la confiance passionnée en l'avenir et en son imprévisibilité créatrice, ainsi qu'en la possibilité qui en découle d'exercer sur lui une influence vertueuse, à rebours des valeurs dans lesquelles on éduque généralement l'esprit philosophique, à savoir : dans le culte excessif des études historiques, qui font de lui, selon le mot de Nietzsche, une « encyclopédie ambulante » rompue à « l'habitude de ne plus prendre au sérieux les choses réelles [2] ». C'est ce qui conduit généralement le philosophe à adopter une attitude

1. L. Lessig, *Free Software, Free Society: Selected Essays of Richard M. Stallman*, 2002 (en ligne : http://www.gnu.org/philosophy/lessig-fsfs-intro.fr.html).

2. Friedrich Nietzsche, « De l'utilité et des inconvénients de l'histoire pour la vie », in *Considérations inactuelles* (1874), Paris, Gallimard, « Folio», 1990, § 4.

systématiquement méfiante à l'égard de toute nouveauté, en particulier technique [1]. Ce que Nietzsche disait de l'historien vaut alors tout autant pour le philosophe : « [il] voit en arrière ; il finit par croire en arrière [2] ». Les créateurs industriels, à l'inverse, peuvent dire :

> Si vous voulez mener votre vie de manière créative, en artiste, vous ne devez pas trop regarder en arrière. Vous devez être disposé à accepter de jeter ce que vous avez fait et ce que vous étiez [3].

Loin d'être une valeur renvoyant à la naïveté ou l'idolâtrie, comme les misotechniciens aiment à le répéter pour se conforter dans leur technophobie, l'enthousiasme porte une valeur d'innovation et d'enchantement. Le seul risque qu'il fait courir est celui de voir réussir ce vers quoi il nous porte. Or, à l'heure de la révolution numérique, le progrès technique est à nouveau porteur d'espoir et d'utopie.

1. On en trouvera un exemple typique dans le n° 41 de *Philosophie Magazine* (juillet 2010) à l'occasion de la sortie de l'iPad d'Apple : « L'iPad, la tablette tactile lancée à grand bruit par Apple, inaugure l'ère des objets sans destination, soumis aux choix de leurs utilisateurs. Au prix de nouvelles servitudes. »

2. F. Nietzsche, *Le Crépuscule des idoles* (1889), Paris, Gallimard, « Folio », § 24.

3. S. Jobs, entretien pour *Playboy*, février 1985. Cité par G. Beahm, *iSteve…*, *op. cit.*, p. 78.

6 – Le « système technique » à l'époque de la « technologie »

Sous l'effet de l'industrialisation, l'accélération fantastique du progrès technique depuis la fin du XVIIIe siècle a conduit l'ensemble des sociétés occidentales à vivre au rythme de la « technologie », terme ayant peu à peu remplacé, sur fond d'anglicisme, celui de « technique », au grand dam de ceux qui en critiquent l'emploi abusif, à rebours de son acception initiale. Toutefois, si le mot « technologie » connaît une meilleure fortune que celui de « technique », ce n'est en raison ni d'un effet de mode anglo-américaine ni d'une tendance à accorder plus de valeur aux techniques les plus scientifiquement avancées, comme le veut Jean-Pierre Séris [1], mais parce que les techniques modernes, comme celles liées à l'énergie nucléaire, à la chimie ou à la microélectronique, ne sont plus seulement des techniques : ce sont à la fois des procédés techniques, des méthodes scientifiques, des dispositifs industriels et des logiques d'innovation, de marketing et de design. Elles s'élaborent dans des unités de Recherche & Développement (R&D) où travaillent ensemble chercheurs, ingénieurs, designers, et fonctionnent selon le mécanisme de « l'innovention », néologisme proposé par Lucien Sfez, qui contracte invention et

1. J.-P. Séris, *La Technique*, *op. cit.*, p. 2 et suiv.

innovation « pour éviter la coupure entre science fondatrice (qui invente) et technique servante (qui innove) [1] ».

C'est pourquoi le terme « technologie » connaît un tel succès et c'est pourquoi nous l'adoptons, sans qu'il soit nécessaire d'en forger un autre comme celui de « techno-science », trop dualiste, qui exclut la dimension industrielle essentielle du phénomène, et par conséquent ses déterminants économiques, ou sa dimension artistique avec le design. Dès lors, la « technologie », c'est la convergence entre la technique, la science, l'industrie et le design, en tant que génératrice d'une nouvelle culture. Le mot ne promeut donc pas, sur un mode prescriptif, de nouvelles valeurs techniques portées par l'époque et tournées vers la sophistication [2] ; il témoigne, sur un mode descriptif, de la nouvelle configuration factuelle dans laquelle nous vivons : *la technique seule n'existe plus, elle est un phénomène convergé.* L'alliance de la technique et de l'art, qui a donné naissance au design, constitue le dernier échelon de cette convergence, d'abord observée dans l'alliance de la technique et de la science. Dans cette perspective, on peut dire que la convergence technologique est ce qui caractérise en propre la technique de notre temps et lui confère cette trans-

1. Pierre Musso, Laurent Ponthou et Éric Seulliet, *Fabriquer le futur*, 2 : *L'Imaginaire au service de l'innovation*, Paris, Pearson Education France, 2007, p. 6.

2. J.-P. Séris, *La Technique*, *op. cit.*, p. 3.

cendance chère aux misotechniciens, selon laquelle la technique se ferait désormais sans nous et hors de nous.

Dans un monde où le savoir technique accumulé est colossal, il est vrai que nous sommes paradoxalement dispensés de maîtriser dans notre quotidien le moindre savoir-faire technique :

> L'objet technique, au moins dans la vie quotidienne, se caractérise par la conjonction de deux traits : caractère très élaboré de sa construction et de son fonctionnement, et commodité de son usage, réduisant à zéro la compétence exigée de l'utilisateur. Le micro-ordinateur, devenu par la grâce de ses logiciels « convivial », en est l'exemple frappant [1].

Autrement dit, nous vivons au milieu et à l'aide d'objets techniques très élaborés, mais dont nous n'avons aucune connaissance particulière. « Technologie, dans cette optique, c'est le nom de la technique dont nous nous sentons dépossédés [2] », écrit même Jean-Pierre Séris. Mais pourquoi voir dans cette transcendance une dépossession ? La technique n'est pas plus transcendante à l'homme que la science ou l'art. La science aussi se fait sans nous et hors de nous, sans que nous ne maîtrisions aucun savoir scientifique et sans être nous-mêmes des savants. Pour l'art, il en va de même : nous ne sommes pas tous des artistes. Pourtant, nous ne nous sentons

1. *Ibid.*, p. 5.
2. *Ibid.*, p. 6.

dépossédés ni de la science ni de l'art. Pourquoi le serions-nous de la technique ? Conduire une automobile sans savoir techniquement comment elle fonctionne ou bien utiliser la puissance de calcul de la matière informatisée sans connaître le cœur de l'ordinateur, voilà qui constitue une délivrance par la technique plutôt qu'une dépossession de la technique. N'oublions jamais que l'objet technique, comme le rappelle si bien François Dagognet, est avant tout le « ce sans quoi nous sommes sans pouvoir » :

> On ne le sait que trop, nos doigts ne coupent pas, les ongles se cassent, mais le fil de la lame du couteau remplace avantageusement nos tissus trop mous. L'objet en général constitue donc notre nature opérationnelle, le ce sans quoi nous sommes sans pouvoir. Le verre capte, divise et conserve un liquide que nos mains ne peuvent pas retenir. De même l'habit nous enveloppe et nous protège, en même temps qu'il nous distingue [1].

On pourrait ajouter : la bicyclette transporte notre corps à une vitesse dont nos pieds sont incapables, et l'ordinateur exécute des opérations logiques avec une rigueur et une exactitude que notre cerveau lui envie. Si la technique est hors d'atteinte, c'est pour mieux venir jusqu'à nous. La transcendance de la technique, ce n'est rien d'autre que la condition de son immanence. Nous préférons donc

1. F. Dagognet, *Éloge de l'objet*, *op. cit.*, p. 183-184.

laisser la transcendance aux théologiens et aux adeptes de la foi transhumaniste pour parler, quant à nous, de convergence technologique.

Néanmoins, il ne faut pas confondre cette notion avec la combinaison technique définie avec Bertrand Gille. La convergence technologique est verticale : elle correspond à l'homogénéisation des phénomènes de la technique, de l'industrie, de la science et du design, en tant qu'ils coopèrent pour former un seul et même complexe. La combinaison technique, quant à elle, est horizontale : elle correspond à l'agrégation des faits techniques s'organisant en différents niveaux combinatoires – la structure, l'ensemble, la filière – dans le but de former un système technique cohérent. La convergence technologique comme trait d'époque n'enlève rien à la systématicité technique comme fait d'histoire. Au contraire, elle la renforce, parce que les techniques font non seulement système entre elles, mais aussi avec les autres composantes de la convergence. La systématicité technique telle que la conçoit Bertrand Gille apparaît ainsi comme la seule manière recevable d'envisager dans le domaine de la technique la notion de « système » : non pas au sens où la technique serait un « système technicien » aveugle et autonome, mais au sens où la technique est toujours un système de relations. La systématicité technique est à entendre au sens de Bertrand Gille et des historiens du réel, et non avec Jacques Ellul et les métaphysiciens de l'angoisse : « Pour les premiers, en effet, système implique objet à connaître ; pour les seconds, système implique objet qui échappe à nos prises [1]. » La philosophie de la technologie doit se fonder, non sur le fantasme de l'idéologie, mais sur le matériau de l'histoire, et la première leçon de l'histoire des techniques, c'est que la technique a toujours été systémique :

> La technique [...] a toujours tiré son efficacité de sa capacité à former système, à la fois système des techniques matérielles et système de celles-ci avec les autres techniques et avec le système des rapports sociaux. Loin d'être une perversion tard venue, c'est un trait récurrent [2].

En d'autres termes, la systématicité technique, ou capacité de la technique à faire système, est un fait d'histoire structurel. « Une technique est toujours au carrefour de plusieurs autres [3] » : qu'il s'agisse de l'automobile ou de la machine à vapeur, du système bielle-manivelle ou de l'ordinateur, une technique est toujours un réseau d'interdépendances et de relations d'implication mutuelle.

1. J.-P. Séris, *La Technique, op. cit.*, p. 58.
2. *Ibid.*, p. 59.
3. *Ibid.*, p. 50-51.

Chapitre 2

Le système technique numérique

> « Thomas Edison a peut-être fait davantage pour améliorer le monde que Karl Marx et le gourou hindi Neem Karoli Baab réunis. »
>
> Steve Jobs [1]

On ne comprend rien à la révolution numérique tant qu'on ne la replace pas dans le mouvement d'ensemble de l'histoire des techniques, dont elle est à la fois une étape et un point culminant. Une étape, parce que la révolution que l'on appelle numérique n'est jamais que la dernière venue des « révolutions techniques », après la révolution prémécanique du XVe siècle ou la révolution mécanisée des XVIIIe et XIXe siècles. Un point culminant, parce que la révolution numérique est foudroyante et totale : en quelques décennies, elle réorganise l'ensemble de notre système technique.

1. Cité par George Beahm, *iSteve…*, *op. cit.* p. 29.

7 – L'histoire des systèmes techniques et la machinisation du monde

L'histoire technique de l'Occident est l'histoire de la machinisation. Comme l'a bien montré Bertrand Gille, celle-ci commence à la Renaissance avec les machines de bois actionnées par la force de l'eau, explose lors de la révolution industrielle avec les machines de métal propulsées par la force de la vapeur, puis les machines électriques et les machines à moteur, et connaît aujourd'hui des développements inédits avec les machines numériques en réseau qui innervent l'ensemble de nos territoires de vie, sous la forme de terminaux informatisés qui nous accompagnent partout et fonctionnent grâce à de vastes traitements algorithmiques de données. Perceptible à l'échelle historique comme une dynamique pluriséculaire, la machinisation est donc ce qui précipite à l'Âge classique l'Europe, l'Amérique et l'ensemble des pays occidentaux dans la logique du progrès, mettant fin aux blocages des systèmes techniques anciens. Avec la machinisation, le temps technique s'accélère, la durée de vie des systèmes techniques se réduit, les innovations s'enchaînent et les « révolutions techniques » sont de plus en plus fréquentes. Alors qu'il a fallu plus de quinze siècles au système technique antique pour être ébranlé, il faut seulement trois siècles à la révolution prémécanique de la Renaissance (celle du système bielle-manivelle et de l'imprimerie) pour parvenir à la première révolution industrielle (celle du charbon, de la machine à vapeur et du métal), puis moins d'un siècle à cette dernière pour atteindre la seconde révolution industrielle (celle de l'électricité, du moteur à explosion et de l'acier), enfin à peine un demi-siècle pour que commence la révolution numérique (celle de l'ordinateur et des réseaux, de l'Internet et des algorithmes de masse). Autant dire que nous sommes entrés depuis déjà quelques siècles dans une temporalité technique à évolution rapide, et que tout ce que l'on énonce (ou dénonce) aujourd'hui sous le signe de la vitesse n'est qu'un degré supplémentaire dans la création technique accélérée que nous vivons depuis la Renaissance.

Dès lors, l'histoire des techniques peut être lue comme celle des révolutions techniques, c'est-à-dire comme la succession de plus en plus rapide des systèmes techniques. Une analogie heuristique entre les travaux de l'historien Bertrand Gille et ceux de l'épistémologue Thomas Kuhn permet de mieux le comprendre. Le premier a décrit l'évolution historique des systèmes techniques ; le second est connu pour son analyse de la dynamique des « révolutions scientifiques [1] ». L'analogie est la suivante : une révolution technique est une évolution historique de la technique qui consiste en un changement de « système

1. Thomas S. Kuhn, *La Structure des révolutions scientifiques* (1962), Paris, Flammarion, « Champs », 1999.

technique » au sens de Bertrand Gille, tout comme une révolution scientifique est une évolution historique de la science consistant en un « changement de paradigme » au sens de Thomas Kuhn. En bref, l'histoire de toute technique jusqu'à nos jours n'a été que l'histoire des révolutions techniques, et l'histoire des révolutions techniques n'a été que celle des systèmes techniques.

La séquence historique devient alors évidente. La première grande révolution machinique, c'est la révolution prémécanique de la Renaissance. La deuxième, c'est la révolution mécanisée de l'époque industrielle. Et la troisième, c'est la révolution numérique dans laquelle nous sommes engagés. Ce que toutes ces révolutions ont en commun, c'est qu'elles introduisent à chaque fois un nouveau règne de machines, qui conduisent progressivement à un changement complet de système technique. L'histoire des révolutions techniques est donc bien celle de la progression continue (et de plus en plus rapide) de la machinisation. Dans sa première forme historique, la machinisation est la mécanisation [1]. Il s'agit de remplacer l'effort corporel et les opérations manuelles par des machines mécaniques, c'est-à-dire des appareils de métal, motorisés ou automatisés. Dans sa seconde forme, la machinisation est la numérisation. Il s'agit de remplacer l'effort intellectuel et cognitif par des machines numériques, qui traitent de l'information

1. S. Giedion, *La Mécanisation au pouvoir…*, *op. cit.*

de manière massivement automatique. Preuve que la mécanisation, n'en déplaise aux dictionnaires, n'est pas le machinisme, mais seulement une étape dans la machinisation.

8 – La question du « système technique contemporain »

En 1978, Bertrand Gille est le premier à observer que le « système technique moderne » né de la seconde révolution industrielle est en train de disparaître [1]. Comme les précédents, ce système a permis l'avènement d'un nouveau machinisme, celui des machines électriques et des machines à moteur. Comme les précédents, il s'est développé grâce à un nombre restreint d'innovations : la production de l'électricité et l'exploitation du pétrole. Cependant, dès les années 1970 il devient visible qu'une mutation majeure est en cours. Les politiciens l'appellent la « crise ». Les philosophes éclairés l'appellent un « changement de monde [2] ». Les premiers ne savent

1. B. Gille, *Histoire des techniques*, *op. cit.*, p. 772.

2. Michel Serres, « Ce n'est pas une crise, c'est un changement de monde », *Le Journal du Dimanche*, 30 décembre 2012 (en ligne : http://www.lejdd.fr/Economie/Actualite/Serres-Ce-n-est-pas-une-crise-c-est-un-changement-de-monde-583645).

comment la gouverner, les seconds savent qu'elle s'accomplira inexorablement. Nul ne saurait pourtant dire quand elle a commencé, quand elle prendra fin ni même quel en sera le résultat final. Mais, de toute évidence, une nouvelle « révolution technique » est en marche : nous nous trouvons engagés dans un « grand mouvement qui renouvelle à l'heure actuelle le système technique [1] », souligne Bertrand Gille. La question est de savoir en quoi consiste exactement « le système technique dans son état actuel [2] ». Existe-t-il un « système technique contemporain » assez nouveau pour être distinct des précédents ? Pour Gille, cela ne fait pas de doute :

> Il y a bien création d'un système technique nouveau où les éléments les plus importants sont déjà en place et ont trouvé l'indispensable cohérence de tout système [3].

Le problème, c'est que Gille n'a pas encore le recul nécessaire pour évaluer la nature exacte du nouveau système technique. Alors que la mort le guette (il disparaît en 1980), il veut sans doute parfaire sa monumentale *Histoire* en la refermant sur une description du système technique contemporain qui, de toute évidence, ne peut être ni exhaustive ni convaincante. Il le pressent d'ailleurs avec une grande clair-

1. B. Gille, *Histoire des techniques*, *op. cit.*, p. 859.
2. J.-P. Séris, *La Technique*, *op. cit.*, p. 65.
3. B. Gille, *Histoire des techniques*, *op. cit.*, p. 867.

voyance lorsqu'il admet que son dernier chapitre « risque d'être dépassé à très brève échéance [1] ».

Une mutation est en cours, certes, mais en 1978 on ne peut encore en observer la cohérence systémique. C'est donc avec une certaine distance critique qu'il faut considérer l'hypothèse du « système technique contemporain [2] » de Bertrand Gille. Selon lui, ce nouveau système technique, déjà constitué, reposerait sur trois innovations principales : l'énergie nucléaire, les matières nouvelles et l'électronique. Pour en convaincre, Gille enjoint d'étudier les nouveaux genres de vie qui l'accompagnent, facilement observables dans l'inventaire des objets d'usage d'un appartement ou d'une cuisine des années 1970. En effet, note-t-il, ont disparu des intérieurs le pilon et le tamis, la cafetière à deux étages, la bassine à vaisselle, la lessiveuse à champignon, la lourde machine à coudre avec bâti de fonte et manœuvre à pédale ou encore le téléphone à manivelle. À la place, sont apparus des objets emblématiques de « l'électroménager » : machines à laver, moulins à café, grille-pain, batteurs électriques, centrifugeuses, couteaux électriques, mixeurs, bouilloires, friteuses électriques, mais aussi postes à transistor, stylos-billes, calculatrices de poche, etc.

Personne ne peut nier ces observations, qui honorent la rigueur de l'historien. Toutefois, il ne

1. *Ibid.*, p. 859.
2. *Ibid.*, p. 859 et suiv.

s'ensuit pas que le nouveau système technique est déjà constitué. Bertrand Gille s'est trompé sur la nature des techniques nouvelles qui structurent ce système. L'énergie nucléaire, par exemple, aussi innovante et impressionnante soit-elle, appartient plutôt au deuxième système technique industriel, dont elle est un perfectionnement, qu'au nouveau système technique en cours d'émergence. Depuis la catastrophe de Fukushima (2011), elle semble même devenue une technique du passé, que plusieurs pays tentent d'abandonner.

En revanche, là où l'intuition de Bertrand Gille n'a pas manqué de justesse, c'est sur ce qu'il appelle lui-même la « révolution électronique [1] ». Bien sûr, il n'a pas imaginé l'ampleur qu'elle allait prendre mais il en a compris l'importance, sans préjugé alarmiste, à une époque où, souligne Jacques Ellul, « l'homme est incapable de prévoir quoi que ce soit au sujet de l'influence de l'ordinateur sur la société et sur l'homme [2] ». L'ironie des dates veut d'ailleurs que l'année précédant la publication de l'*Histoire des techniques* de Gille, en 1977, l'Apple II faisait justement son entrée – en même temps qu'il le créait – sur le marché de la micro-informatique. Gille perçoit clairement le potentiel systémique de l'informatique, même s'il n'a pas les moyens d'en tirer les conclusions qui s'imposeront a posteriori. Il suggère néan-

1. *Ibid.*, p. 867, 906-914 et 916-925.
2. J. Ellul, *Le Système technicien*, *op. cit.*, p. 103-104.

moins que c'est sur l'informatique que reposent la nouveauté et la cohérence du nouveau système technique :

> L'ordinateur est devenu un peu le symbole de la civilisation moderne. On le voit partout, dans l'administration, dans l'industrie, dans la comptabilité, dans les vols spatiaux. Il facilite la tâche de tout le monde, il résout tous les problèmes, il menace les libertés publiques [1].

La même remarque pourrait être faite aujourd'hui avec l'Internet, tant sur l'ubiquité de l'ordinateur et des réseaux que sur les inquiétudes que cette ubiquité engendre. Mais ce qui apparaît dans de telles phrases, ce qui pointe sans être nommé, c'est précisément l'idée de systématicité. Lorsque l'on « voit partout » une technique, c'est qu'elle fait système. Bertrand Gille lui-même nous l'a appris. Il nous faut donc être plus gilléen que Gille et affirmer que l'ordinateur n'est rien d'autre que l'objet technique total qui fonde le nouveau système technique. C'est tellement visible que Jacques Ellul lui-même l'avait relevé en décrivant le « Tout de l'informatique [2] » :

> En réalité, c'est *l'ordinateur qui permet au système technicien de s'instituer définitivement en système* : c'est d'abord grâce à lui que les grands sous-systèmes s'organisent ; par exemple, le système urbain ne peut se conclure

1. B. Gille, *Histoire des techniques*, *op. cit.*, p. 916.
2. J. Ellul, *Le Système technicien*, *op. cit.*, p. 113.

> que grâce aux banques de données urbaines (résultats de recensements, permis de construire accordés, logements terminés et en cours, invention des réseaux d'eaux, de téléphone, d'électricité, de transports, etc.) ; de même le système de communications aériennes ne peut fonctionner que grâce aux ordinateurs étant donné la complexité, le nombre croissant très rapidement des problèmes provenant de la multiplication des transports combinée avec le progrès technique dans ces domaines (ce n'est pas seulement la réservation des places, souvent évoquée, mais par exemple la relation permanente de chaque avion, à chaque instant avec un grand nombre de centres de contrôle au sol) ; c'est grâce à lui que les grandes unités comptables peuvent apparaître, c'est-à-dire l'infrastructure pour une croissance illimitée des organisations économiques et même administratives. Est-il utile de rappeler l'importance de l'ordinateur en tant que mémoire pour le travail scientifique ? Il est la seule solution à l'écrasement du chercheur et de l'intellectuel par la documentation [1].

Ce qui était vrai alors l'est bien plus encore aujourd'hui. L'avènement des interfaces graphiques dans les années 1980, l'essor de l'Internet dans les années 1990, le succès du Web 2.0 et des réseaux sociaux, l'essor des terminaux mobiles dans les années 2000, l'avènement des *big data* en sont quelques-unes des manifestations les plus remarquables. Considérée depuis l'histoire des techniques,

1. *Ibid.*, p. 108-109.

l'informatique est la véritable innovation de notre époque – celle qui fait système. Elle nous fait entrer dans un nouveau machinisme, celui des machines numériques en réseau, qui comprend les grands ordinateurs centraux, les micro-ordinateurs, les serveurs Web, les consoles de jeux, les bornes interactives, les terminaux mobiles et les smartphones, les tablettes tactiles et les liseuses électroniques, les objets connectés et les voitures autonomes (Google Car), les imprimantes 3D, etc. Non seulement l'ordinateur est une machine nouvelle, mais il est encore une machine totale, à laquelle on peut tout demander ou presque, y compris de battre le champion du monde d'échecs Garry Kasparov (Deep Blue, IBM, 1996-1997).

Autrement dit, la révolution technique en marche, que Gille ou Ellul n'ont pu qu'entrapercevoir est celle de l'informatique et des réseaux, de l'« Internet et tout ce qui lui est associé : le multimédia, les ordinateurs, l'informatique, l'information [1] », que l'on appelle aujourd'hui la révolution numérique. Et elle est en train d'instaurer un nouveau système technique dont nous ne savons au juste jusqu'où il ira, mais dont chacun ressent les effets, immenses, dans son quotidien. Peut-être cette nouvelle révolution n'en est-elle qu'à ses débuts. Car même si leur course s'accélère chaque fois un peu plus, les sys-

1. Philippe Breton, *Le Culte de l'Internet : une menace pour le lien social ?*, Paris, La Découverte, 2000, p. 5.

tèmes techniques mettent un certain temps à atteindre leur point de cohérence générale. Peut-être la révolution numérique n'est-elle que le premier moment d'un processus plus vaste qui, à l'échelle historique, conduira authentiquement à une troisième révolution industrielle. C'est la thèse que défend l'économiste Jeremy Rifkin, pour qui « les grandes révolutions économiques de l'histoire se produisent quand de nouvelles technologies de communications convergent avec de nouveaux systèmes d'énergie [1] ». Selon lui, les technologies numériques, en particulier l'Internet, sont aujourd'hui en voie de fusionner avec les énergies renouvelables pour créer la dynamique d'un nouveau monde :

> Dans l'ère qui vient, des centaines de millions de personnes produiront leur propre énergie verte à domicile, au bureau, à l'usine, et ils la partageront entre eux sur un « Internet de l'énergie », exactement comme nous créons et partageons aujourd'hui l'information en ligne. La démocratisation de l'énergie s'accompagnera d'une restructuration fondamentale des relations humaines, dont l'impact se fera sentir sur la conception même des rapports économiques, du gouvernement de la société, de l'éducation des enfants et de la participation à la vie civique. [...] La troisième révolution industrielle est la dernière des grandes révolutions industrielles et elle va poser les bases d'une ère coopérative émergente. [...] Dans le

1. Jeremy Rifkin, *La Troisième Révolution industrielle* (2011), Paris, Les Liens qui Libèrent, 2012, p. 12.

> demi-siècle qui vient, les activités centralisées traditionnelles des entreprises des première et deuxième révolutions industrielles seront progressivement absorbées par les pratiques distribuées de la troisième ; et l'organisation hiérarchique traditionnelle du pouvoir politique et économique cédera la place au pouvoir latéral, qui étendra sa structure nodale à travers toute la société [1].

Tels sont peut-être les changements qui se préparent, dans l'élan créateur et nouveau initié par les innovations numériques du XXe siècle. Il faudra sans doute attendre quelques décennies avant de pouvoir décrire entièrement le nouveau système technique, mais nous savons d'ores et déjà que le numérique en est le socle. Le système technique contemporain, c'est le système technique numérique.

9 – La numérisation au pouvoir et le nouveau système technique

L'une des grandes leçons que nous tirons de l'étude de l'histoire des techniques, c'est l'existence d'une hausse tendancielle de la délégation machinique. Plus nous avançons dans le temps, plus nous observons que les êtres humains confient des tâches

1. *Ibid.*, p. 12, 16-17.

plus nombreuses et plus élaborées à des machines elles-mêmes plus complexes. Au Moyen Âge, on délègue le travail de la main à des mécanismes de bois actionnés par la force de l'eau (la scie hydraulique remplace la scie manuelle). À l'époque moderne, le travail du corps tout entier, celui de l'homme seul ou secondé par la force animale, est confié à des machines de métal utilisant la vapeur, le pétrole ou l'électricité (la bicyclette remplace la marche, la locomotive remplace la diligence, le tracteur agricole remplace la charrue, le télégraphe remplace la poste à cheval).

Aujourd'hui, conformément au sens de l'histoire des techniques, la machinisation se poursuit et inscrit notre présent dans la continuité d'une logique réduisant à néant le sentiment, entretenu par la mode des discours de crise, que nous vivons une rupture radicale avec le passé. Loin d'avoir cessé ou diminué, la machinisation conquiert au contraire de nouveaux territoires, dont personne n'avait imaginé qu'ils pourraient un jour lui être accessibles. Dans un ouvrage intitulé *L'Économie des nouvelles technologies* et publié en 1999, Michel Volle est l'un des premiers à le remarquer : aux XVIIIe et XIXe siècles, « la mécanisation a fait prendre en charge par la machine l'effort physique associé à la production » tandis qu'au XXe siècle, avec la généralisation des ordinateurs et des réseaux informatiques, « l'automatisation lui fait prendre en charge l'effort mental associé à la production[1] ». Il y a là comme une suite logique dans le processus historique de la machinisation : après la mécanisation du travail corporel, la numérisation du travail mental. Steve Jobs lui-même disait : « Pour moi, l'ordinateur est l'outil le plus remarquable que nous ayons inventé. C'est l'équivalent de la bicyclette pour l'esprit[2] ». Quant à Bertrand Gille, il voyait justement dans la naissance des technologies de l'information et de la communication des techniques de « transmission de la pensée[3] ». Le cinéma de science-fiction s'en est d'ailleurs fait largement l'écho dès la fin des années 1990, au travers de films comme *Matrix* (Larry et Andy Wachowski, 1999) ou *eXistenZ* (David Cronenberg, 1999), qui mettent en scène un monde où les machines numériques prennent possession de nos esprits.

Nous sommes donc entrés dans l'ère d'un nouveau machinisme, fondé sur la délégation des opérations de l'esprit à des machines numériques, c'est-à-dire la délégation du travail intellectuel – et même du loisir mental (jeux vidéo) – à des ordinateurs. Du moins jusqu'à un certain point : celui où s'arrête le calcul. Dans le système technique numérique, en

1. Michel Volle, *Économie des nouvelles technologies*, Paris, Economica, 1999, p. 3.

2. Steve Jobs, *in* Julian Krainin & Michael R. Lawrence, *Memory & Imagination: New Pathways to the Library of Congress* [Documentaire TV], Michael Lawrence Films and Krainin Productions Inc., 1990.

3. B. Gille, *Histoire des techniques*, *op. cit.*, p. 944.

effet, le calcul, qui désigne une opération ou un ensemble d'opérations portant sur des nombres, est l'opération fondamentale à laquelle toutes les autres opérations sont réduites. C'est d'ailleurs le sens même du terme « numérique », qui vient du latin *numerus*, « relatif au nombre ». L'homme du XXe siècle, et plus encore celui du XXIe siècle, est celui qui délègue le labeur du calcul à des machines, les ordinateurs sous toutes leurs formes : grands systèmes, micro-ordinateurs, consoles, bornes, tablettes, smartphones, etc. En anglais, langue maternelle de l'informatique, ordinateur se dit *computer*, littéralement : « calculateur ». Le système technique numérique engage en effet une véritable extension du domaine du calcul. La rédaction d'un texte, l'envoi d'un message, le dialogue en direct, la création d'une photo, l'écoute d'une musique, le partage d'une vidéo, la pratique partagée d'un jeu, la rediffusion d'une émission de télévision, la recherche cartographique, le contrôle de la production en usine, l'achat d'un produit ou d'un service, le recrutement d'un salarié, la déclaration de l'impôt sur le revenu, la gestion des flux bancaires, le vote aux élections, l'expression publique, tout cela relève du calcul, parce que tout cela est réductible à de l'information calculable par des ordinateurs en réseau, capables de traiter de grandes masses de données.

La machinisation du calcul est bien la nouvelle étape de la machinisation. Elle est l'innovation technique fondamentale de notre époque et le point de départ de cette révolution technique que nous appelons « révolution numérique ». On peut estimer que l'ordinateur est aux Temps modernes ce que le système bielle-manivelle était à la Renaissance ou la machine à vapeur à la première révolution industrielle. Il est la machine disruptive qui, en ajoutant un degré supplémentaire sur l'échelle historique de la machinisation, nous fait passer du deuxième système technique industriel à un autre, dont l'élaboration est en cours. On en trouve une preuve significative dans la modification des grands équilibres économiques. Aujourd'hui, la première capitalisation boursière mondiale, ce n'est plus Exxon Mobil, société pétrolière, ou General Electric, l'empire fondé par Edison, mais Apple, qui a conquis cette place pour la première fois à la bourse de Wall Street en août 2011 et qui, dans un jeu de cache-cache avec Exxon Mobil emblématique de la mutation en cours, y revient régulièrement [1]. La révolution numérique représente bien la troisième grande révolution technique de l'histoire moderne de l'Occident. Depuis l'invention de l'ordinateur dans les années 1940 et les débuts de l'informatique dans les années 1950-1960, marquées par les « grands systèmes » d'IBM, jusqu'à l'extension

1. Par exemple en août 2012, voir « Apple, plus grande capitalisation boursière aux États-Unis », 20 août 2012, *Le Monde.fr* (en ligne : http://www.lemonde.fr/technologies/article/2012/08/20/le-titre-apple-atteint-un-niveau-historique_1747742_651865.html).

de la micro-informatique des années 1970-1980 avec les premiers produits d'Apple et Microsoft, sans oublier les bouleversements sans précédent liés à l'essor de l'Internet dans les années 1990-2000, le numérique transforme en profondeur le système technique en place.

D'après Michel Volle, lecteur de Bertrand Gille, le « système technique contemporain » n'est pas celui de l'alliance entre l'énergie nucléaire, les matières nouvelles et l'électronique. Il émerge tout entier de l'électronique. Plus exactement, le système technique contemporain ou STC, dans la première formulation que Volle en donne en 1999, est « caractérisé par la synergie entre microélectronique, automatisation et informatique [1] » ou « entre microélectronique, informatique et robotique [2] ». Emblématique de la seconde moitié du XXe siècle, cette nouvelle combinaison technique entre en vigueur selon lui aux alentours de 1975 et détermine le nouveau monde industriel. Le type de production qui en résulte est fondé sur l'automatisation. Succédant à la mécanisation, l'automatisation est « la caractéristique fondamentale des économies développées actuelles [3] » : elle « vise à supprimer l'effort mental demandé par la production » [4]. Dès lors, dans la nouvelle économie

1. M. Volle, *Économie des nouvelles technologies*, *op. cit.*, p. 3.
2. *Ibid.*, p. 26.
3. *Ibid.*, p. 4.
4. *Ibid.*, p. 26.

informatisée, tout devient « Assisté par Ordinateur » (AO), comme en témoigne dès les années 1980 le succès des sigles CAO (conception), DAO (dessin), GAO (gestion), GPAO (gestion de production), FAO (fabrication), etc., auxquels on peut ajouter aujourd'hui, parmi tant d'autres, les outils de CRM (Customer Relationship Management, ou gestion de la relation client) et, dans l'industrie du Web, les CMS (Content Management System, ou système de gestion de contenu) ainsi que les services Cloud. Quand nous disons que « tout » devient assisté par ordinateur, nous parlons donc de tout ce qui relève de l'esprit. Sylvie Leleu-Merviel le souligne :

> Ce que nous désignons par l'ère du numérique se caractérise, au niveau d'observation le plus trivialement dénué d'interprétation, par un phénomène néanmoins majeur : l'irruption d'un ordinateur dans des opérations de l'ordre de la cognition, de la manipulation de données, de la connaissance, de l'information et de la communication [1].

Dès lors, au niveau économique, c'est l'ensemble du processus de la production, en son effort cognitif, qui devient entièrement informatisé et, du même coup, automatique : « l'usine est un automate contrôlé par quelques personnes surveillant des

1. S. Leleu-Merviel, « Les désarrois des "Maîtres du sens" à l'ère du numérique », *Hypertextes, hypermédias. Créer du sens à l'ère numérique. H2PTM'03*, Hermès, 2003, p. 19.

écrans[1] », lesquels rendent compte du comportement de machines robotisées et autonomes ; son fonctionnement « requiert une faible quantité de travail, située dans les tâches de surveillance, conditionnement et maintenance[2] ». Les conséquences sont phénoménales et bien connues. Sur le plan social, « l'automatisation fait disparaître l'emploi industriel comme la mécanisation a fait disparaître l'emploi agricole[3] ». Et pour cause :

> Avec l'automatisation, des personnes qualifiées conçoivent produits et techniques ; elles fournissent des plans, schémas, programmes informatiques, notices, instructions, etc. Le coût de production physique est négligeable par rapport au coût de conception. La distribution des produits nécessite des emplois de service[4].

Ce n'est pas tant, comme à l'époque de la mécanisation, que les hommes sont remplacés un à un par des machines et autant de fois que d'individus. C'est tout simplement qu'il n'y a plus besoin d'un grand nombre d'individus pour produire, parce que les emplois directement productifs ne sont plus nécessaires. Aux côtés des machines, désormais seuls quelques emplois de maintenance et de conditionnement sont requis dans les usines automatiques.

1. M. Volle, *Économie des nouvelles technologies*, *op. cit.*, p. 26.
2. *Ibid.*, p. 3.
3. *Ibid.*, p. 26.
4. *Ibid.*

La « crise de l'emploi » des dernières décennies n'est peut-être pas due à telle ou telle baisse de la production, à tel manque de dynamisme dans tel secteur, ou à l'échec de telle politique. Elle est structurelle et systémique : « elle est générale [1] », écrit Michel Volle. Au point que, aujourd'hui encore, on ne sait pas si l'économie numérique, bien qu'elle puisse engendrer de hauts revenus, est capable de créer beaucoup d'emplois. Comme le souligne Hubert Guillaud, « alors que la croissance économique s'accélère, la croissance des emplois ne suit pas le même rythme » : on va jusqu'à parler d'une « innovation sans emplois [2] ». Du point de vue macro-historique, si l'on suit les leçons de Bertrand Gille, on peut dire néanmoins que cette crise s'apparente à l'une de ces nombreuses tensions structurelles qui, pendant plusieurs décennies, accompagnent la mise en place d'un nouveau système technique. Soixante ans après l'invention de l'ordinateur, nous ne sommes peut-être plus très loin d'un point d'équilibre. Rappelons qu'il a fallu soixante-dix ans à la machine à vapeur pour trouver son état opérationnel définitif.

Mais sur un plan purement économique, la victoire de l'automatisation est inévitable car elle permet

1. *Ibid.*, p. 24.

2. Hubert Guillaud, « Où va l'économie numérique ? (1/3) : Vers une innovation sans emplois ? », *InternetActu.net*, 1er février 2012 (en ligne : http://www.internetactu.net/2012/02/01/ou-va-leconomie-numerique-13-vers-une-innovation-sans-emplois/).

d'atteindre une meilleure rentabilité en conférant à la production une fonction à coûts fixes :

> Dans l'économie antique (travail manuel des esclaves), ainsi que dans les formes primitives de l'agriculture, le coût est proportionnel à la quantité produite. Dans l'économie mécanisée, l'investissement initial réduit le coût d'une unité supplémentaire (« coût marginal ») : le coût moyen décroît lorsque la production augmente (« rendement croissant » [...]). Dans l'économie automatisée, seul l'investissement initial coûte ; le coût de production d'une quantité supplémentaire est *pratiquement* nul [1].

Autrement dit, le nouveau système technique automatisé « s'impose par sélection naturelle », souligne Michel Volle. Sa généralisation est, avec le temps, inéluctable, telle une loi de la nature :

> Les entreprises dans lesquelles « ça bloque » disparaissent, et avec elles, le système technique auquel elles s'attachaient [2].

Avec la mise en place de ce nouveau système productif, entièrement dépendant de l'informatique, on assiste donc bien à l'émergence d'un nouveau système technique. Michel Volle aurait pu l'appeler « système technique automatisé » mais il a préféré lui conserver dans un premier temps le nom de *sys-*

1. M. Volle, *Économie des nouvelles technologies,op. cit.*, p. 26 (souligné par M. Volle).
2. *Ibid.*, p. 32.

tème technique contemporain, hérité de Bertrand Gille. Néanmoins, parce que tout ce qui est contemporain finit un jour par être ancien, ce qui rend caduques les appellations de nature chronologique, nous préférons l'appeler *système technique numérique*, notion logique qui a le mérite de signifier la dépendance du nouveau système à l'égard de l'invention de la machine numérique et de ses dérivés. La révolution technique que nous vivons peut alors être appelée *numérisation* (de la pensée), sur le modèle de la *mécanisation* (du corps), qui a caractérisé les deux premières révolutions industrielles.

Ce n'est donc plus la *mécanisation*, mais bien la *numérisation* qui est au pouvoir, pour paraphraser la célèbre formule-titre de Siegfried Giedion[1]. On pourrait aussi l'appeler *informatisation*, comme Michel Volle dans son essai de 2006, qui commence par ces mots : « L'informatisation est le phénomène le plus important de notre époque[2] ». Volle le réutilise d'ailleurs dans une contribution de 2012, où il affirme : « l'informatisation est la forme contemporaine de l'industrialisation[3] ». Cela semble très exact.

1. S. Giedion, *La Mécanisation au pouvoir*..., *op. cit.*

2. M. Volle, *De l'informatique : savoir vivre avec l'automate*, Paris, Economica, 2006, p. 3 (en ligne : http://www.volle.com/ouvrages/informatique/informatique1.pdf).

3. M. Volle, *in* Philippe Lemoine (dir.), *Une croissance intelligente*, Paris, Descartes & Cie, 2012, publié sur *InternetActu.net* sous le titre « Comprendre la croissance à l'heure de l'informatisation de la société », 27 avril 2012 (en ligne : http://

Le troisième système technique industriel repose d'abord sur l'informatisation de nos dispositifs. De même que « l'industrialisation n'a pas supprimé l'agriculture, elle l'a industrialisée », de même « l'informatisation ne supprime pas l'industrie mécanisée : elle l'informatise [1] ». Michel Volle en restitue d'ailleurs très bien le mouvement historique.

Celui-ci commence dans les années 1960 avec l'informatisation des « opérations gourmandes en temps et en paperasses : comptabilité, paie, facturation, gestion des stocks, prises de commandes » : c'est le temps des ordinateurs « grands systèmes » et des grands logiciels, fondés sur « la programmation des algorithmes qui procurent un résultat à partir des données saisies ». Le mouvement se poursuit dans les années 1970 avec « la normalisation des bases de données et l'architecture des systèmes d'information » dans le but d'éviter les doubles saisies et de permettre à une application d'en alimenter une autre. Puis vient le tournant des années 1980, avec « la dissémination des micro-ordinateurs et des réseaux locaux », qui marque une étape décisive dans la démocratisation de l'informatique et se prolonge dans le bouleversement des années 1990, marquées par l'essor de l'Internet et du Web qui permettent, grâce à la documentation électronique et la message-

www.internetactu.net/2012/04/27/comprendre-la-croissance-a-lheure-de-linformatisation-de-la-societe/).

1. *Ibid.*

rie, d'« informatiser le parcours d'un processus de production en transférant, d'un poste de travail au suivant, les documents où s'inscrit l'élaboration d'un produit [1] ». À quoi l'on peut ajouter : le mouvement se poursuit au cours des décennies 2000 et 2010 avec l'essor du Web 2.0 et des réseaux sociaux, des terminaux mobiles et des services multi-écrans, des objets connectés et bientôt des imprimantes 3D, qui réorganisent massivement les pratiques sociales. Ainsi, en cinquante ou soixante ans, l'informatisation du système productif est devenue complète et totale :

> L'informatique [n'est] plus ce système d'information qui se superpose aux systèmes de gestion et de production : s'entrelaçant avec le travail des opérateurs humains, elle [s'insinue] dans l'intimité de la gestion et de la production dont elle [devient] inséparable [2].

D'une culture industrielle de la main-d'œuvre associée à la machine mécanique, nous sommes passés à une culture industrielle du « cerveau d'œuvre » (la formule est de Michel Volle) associé à la machine numérique.

Nous sommes donc les enfants de l'ordinateur. Pour l'exprimer autrement : l'ordinateur est notre « objet technique total ». Par là, il faut entendre un objet technique à partir duquel s'élabore et se struc-

1. *Ibid.*
2. *Id.*

ture la totalité d'un système technique, un peu comme un « fait social total », chez Marcel Mauss, résume la totalité des institutions d'une société [1]. Le système bielle-manivelle était l'objet technique total du système technique classique. La machine à vapeur était l'objet technique total du premier système technique industriel. L'automobile était l'objet technique total du deuxième système technique industriel. L'ordinateur en réseau est l'objet technique total du troisième système technique industriel, le système technique numérique. C'est en cela même qu'il constitue une innovation, au sens que Bertrand Gille donne à ce mot du point de vue macro-historique : innover, selon lui, ce n'est pas seulement commettre une invention, mais commettre une invention qui s'impose à tous les niveaux d'un système technique. En ce sens très précis, l'ordinateur est bien une invention *et* une innovation.

Néanmoins, l'informatisation n'est pas suffisante pour décrire la numérisation. Car ce qui confère effectivement à l'ordinateur sa capacité à devenir un objet technique total, c'est son utilisation en réseau, qui s'est développée dans un second temps et a pris l'ampleur que l'on sait au cours des vingt dernières années. Si l'ordinateur est une technologie opérationnelle depuis les années 1950, avec des conséquences

1. En 1980, Jean-Claude Beaune parlait déjà, à propos de l'automate, de « fait technique total » : voir *L'Automate et ses mobiles*, Paris, Flammarion, 1980, p. 7.

économiques visibles dès les années 1970, les réseaux quant à eux apparaissent dans les années 1960, avec des conséquences sociales qui se font jour seulement à partir des années 1990, grâce à l'essor spectaculaire du World Wide Web (www). Grâce à la générosité de son inventeur, Tim Berners-Lee, qui a eu l'audace de placer son invention dans le domaine public, le Web transforme les ordinateurs en serveurs et engendre un nouveau monde, celui qu'on a appelé provisoirement le *cyberespace* et que Pierre Lévy définissait dans les années 1990 comme « le nouveau milieu de communication qui émerge de l'interconnexion mondiale des ordinateurs [1] ». Au départ restreintes aux postes de travail « en local », les technologies du réseau se sont donc répandues rapidement aux serveurs Web mais aussi, aujourd'hui, aux terminaux mobiles, aux tablettes, aux objets connectés, etc. En ce sens, Paul Mathias a raison de souligner que « l'Internet est un phénomène total » qui « traverse toutes les strates de la vie [2] » :

> L'Internet serait donc l'analogue informationnel de la machine à vapeur et nous aurait apporté un surcroît de puissance cognitive tout en étendant l'horizon de nos pratiques sociales et culturelles [3].

1. P. Lévy, *Cyberculture*, Paris, Odile Jacob / Conseil de l'Europe, 1997, p. 17.
2. P. Mathias, *Qu'est-ce que l'Internet ?*, Paris, Vrin, 2009, p. 61.
3. *Ibid.*, p. 31.

Son implication peut être constatée bien au-delà de la seule dimension économique, dans tous les domaines de la vie sociale : juridique (logiciel libre et *copyleft*), intellectuel (Wikipedia et autres dispositifs contributifs), culturel (plateformes de téléchargement de type peer-to-peer ou Apple Store), ludique (jeux vidéo en console ou en réseau), social (Facebook et autres réseaux sociaux), politique (blogs et micro-blogging façon Twitter), récréatif ou créatif (Instagram, Pinterest et autres réseaux d'intérêt) ou encore scientifique (Google Scholar, Jstor, Cairn, Open-Edition…).

Si l'ordinateur est bien l'objet technique total de notre époque, c'est non seulement parce qu'il s'est introduit partout depuis les années 1950, mais encore parce qu'il s'est connecté à tous les autres depuis les années 1990. L'ordinateur est partout et, partout où il est, il porte tout. Avec les réseaux, on sort donc de l'ère purement informatique pour entrer dans l'ère proprement numérique. À ce titre, l'Internet doit être considéré comme un élément essentiel du système technique numérique. Michel Volle l'a bien compris. En 2006, il désigne la combinaison technique sur laquelle repose le nouveau système comme la « synergie fondamentale […] qui associe la micro-électronique au logiciel [1] ». Mais plus récemment, il précise la nature de cette combinaison en évoquant

1. M. Volle, *De l'informatique : savoir vivre avec l'automate*, *op. cit.*, p. 3.

la « synergie de la microélectronique, du logiciel et des réseaux de télécommunication [1] ». En effet, les techniques fondamentales dont la combinaison définit et structure le système technique numérique sont : l'électronique (versant physique des composants), l'informatique (versant logique des algorithmes) et les réseaux (versant réticulaire des connexions). Le nouveau système technique n'est pas seulement informatisé, fondé sur l'ordinateur, mais bien numérique, fondé sur la combinaison de l'ordinateur et du réseau. Car si l'ordinateur est l'étoile centrale du système, l'Internet est la structure en orbites qui fait rayonner cette étoile en tout lieu et en tout point du monde.

1. M. Volle, *in* Philippe Lemoine (dir.), *Une croissance intelligente*, *op. cit.*

Chapitre 3

Les structures techniques de la perception

> « Il n'existe pas une Technique, force positive, isolable du contexte des autres activités humaines. Chaque sorte d'activité implique une technique ; [...] quand on dit Technique, il s'agit, non d'une forme spécifique de nos activités, mais d'un aspect particulier de toutes nos activités. »
>
> Pierre Francastel, *Art et Technique* [1]

À la fin du XVe siècle, les peintres de la Renaissance ont modifié notre manière spontanée de regarder la nature en inventant le paysage, « une forme où se coule la perception » grâce à laquelle nous avons appris à voir en perspective, autour d'un point de fuite, c'est-à-dire à découper dans la nature des tableaux [2]. À la fin du XIXe siècle, les géométries non euclidiennes ont bouleversé notre conception intui-

1. Paris, Denöel, 1956, p. 102-104 et p. 219. Cité par J.-P. Séris, *La Technique*, *op. cit.*, p. 65.

2. Anne Cauquelin, *L'Invention du paysage* (1989), Paris, Puf, 2000, p. 35.

tive de l'espace en concevant, à rebours de l'évidence immédiate, d'autres types de spatialité que celle de l'espace perçu en trois dimensions hérité de la géométrie d'Euclide [1]. Au début du XXe siècle, la théorie quantique a heurté la conception immédiate que nous nous faisons du monde physique en parvenant à décrire, grâce à de nouveaux concepts mathématiques, le comportement du monde de l'infiniment petit.

De tels bouleversements de notre perception commune forment ce que nous proposons d'appeler des révolutions phénoménologiques, au sens où ils modifient l'acte de percevoir (la nature, l'espace, la matière, etc.) en affectant notre culture perceptive. Par « culture perceptive », il faut entendre l'ensemble des manières de sentir et de se représenter le monde, en tant qu'elles dépendent d'« habitudes ou aptitudes apprises par l'homme en tant que membre d'une société [2] ». Autrement dit, la perception n'est pas seulement une fonction du corps ou une fonction de la conscience, elle est aussi une fonction sociale – au sens où elle est conditionnée par des facteurs culturels. Une révolution phénoménologique se produit

1. Nous faisons référence ici à la géométrie hyperbolique de N. I. Lobatchevsky ou à la géométrie elliptique de G. F. B. Riemann, qui remettent en cause le cinquième postulat d'Euclide selon lequel, par un point pris hors d'une droite, il n'existe qu'une seule parallèle à cette droite.

2. Claude Lévi-Strauss, *Entretiens avec Georges Charbonnier*, Paris, « 10/18 », 1969.

ainsi lorsque l'acte de percevoir est affecté ou modifié par une innovation artistique, scientifique ou technique. C'est ce qui s'est produit dans les trois événements cités. Regarder la nature dans l'Antiquité grecque ou à la Renaissance, ce n'est pas la même chose. Appréhender la matière à l'Âge classique ou à l'Âge quantique, c'est encore autre chose. Et percevoir la réalité à l'ère mécanique ou à l'ère numérique, c'est foncièrement différent. Parce que la technique et le réel ont toujours fait cause commune, les technologies numériques nous le révèlent enfin.

Depuis l'invention de l'ordinateur dans les années 1940, en effet, l'avènement du système technique numérique définit, sur le plan historique, la révolution numérique. Mais il faut maintenant tenter de comprendre, au plan philosophique, de quoi la révolution numérique est la révolution. Comme toutes les révolutions techniques précédentes, elle est une révolution phénoménologique, c'est-à-dire une révolution de la perception : elle ébranle nos habitudes perceptives de la matière et, corrélativement, l'idée même que nous nous faisons de la réalité.

Percevoir à l'ère numérique, ce n'est pas percevoir des objets nouveaux, comme si la perception, s'appliquant identiquement à toutes les classes d'objets possibles, se trouvait simplement enrichie d'une nouvelle classe d'objets auxquels elle n'avait plus qu'à s'appliquer comme à n'importe quelle autre. Percevoir à l'ère numérique, c'est être contraint de renégocier l'acte de perception lui-même, au sens où les êtres numériques nous obligent à forger des perceptions nouvelles, c'est-à-dire d'objets pour lesquels nous n'avons aucune habitude perceptive. Cette renégociation perceptive n'a rien de naturel. Elle exige du sujet contemporain un véritable travail phénoménologique en vue d'apprendre à percevoir cette nouvelle catégorie d'étants, les êtres numériques, dont la phénoménalité est inédite et par conséquent désarmante. Ce travail phénoménologique, à la fois psychique et social, consiste pour chaque individu à réinventer l'acte de perception pour le rendre compatible avec la phénoménalité particulière de ces êtres. Il s'agit d'apprendre à percevoir les êtres numériques pour ce qu'ils sont, sans surenchère métaphysique ni dérive fantasmatique – ce qui implique d'abord de comprendre ce qu'ils sont. Car, nous le verrons, la perception n'a jamais été autant une fonction d'entendement qu'à l'heure des êtres numériques.

La révolution numérique n'est donc pas seulement un événement historique qui relève de l'histoire des techniques : elle est aussi un événement philosophique qui affecte notre expérience phénoménologique du monde et qui relève de l'ontologie, ou plutôt de l'ontophanie, c'est-à-dire de la manière dont les êtres (*ontos*) apparaissent (*phaïnô*). Mais tandis que la révolution non euclidienne ou la révolution quantique étaient avant tout des révolutions intellectuelles limitées au cercle restreint des savants capables de les comprendre, la révolution numérique est une révolution sociale qui affecte l'ensemble des populations. Elle se présente donc comme un événement de masse, qui vient perturber l'expérience ontophanique de centaines et de centaines de millions d'individus.

Comprendre la révolution numérique au plan philosophique revient donc à analyser ce que le numérique modifie dans les structures mêmes de la perception, seul moyen de comprendre la phénoménalité des êtres numériques. Mais pour être en mesure de saisir la nature de l'ontophanie numérique, il faut remonter à l'origine essentiellement technique de toute ontophanie. C'est le sens de l'hypothèse défendue ici. Le phénomène numérique ne fait que rendre visible, par son ampleur, un trait philosophique caractéristique de toute technique en général, resté relativement inaperçu mais essentiel : *la technique est une structure de la perception*, elle conditionne la manière dont le réel ou l'être nous apparaît. Autrement dit, toute ontophanie du monde est une ontophanie technique.

10 – La « phénoménotechnique », ou la leçon de Bachelard

Depuis Kant, nous savons que l'objet est en partie construit par le sujet et que notre connaissance du monde est moins le reflet de celui-ci que le résultat combiné de ce que nous recevons de la perception et de ce que nous produisons par la raison. D'après l'auteur de la *Critique de la raison pure*, il existe en effet des structures de la sensibilité et de l'entendement qui fixent les conditions dans lesquelles la perception et la connaissance sont possibles : il s'agit des formes a priori de l'intuition sensible que sont l'espace et le temps, ou encore des concepts purs de l'entendement que sont les douze catégories logiques servant à ordonner la diversité des intuitions. Ces structures sont appelées transcendantales parce qu'elles font partie de l'organisation interne de notre faculté de connaître et, à ce titre, préexistent à tout acte de perception ou de connaissance en tant que conditions a priori. C'est dire que l'acte de connaître, tout comme l'acte de percevoir, n'est pas naturel : il est fondamentalement surdéterminé, c'est-à-dire construit.

C'est pourquoi le constructivisme, qui doit beaucoup au philosophe de Königsberg, est le plus souvent défini comme « la théorie issue de Kant selon laquelle la connaissance des phénomènes résulte d'une construction effectuée par le sujet [1] ». Il faut toutefois attendre le XXe siècle pour voir prendre forme les « épistémologies constructivistes », dont la « naissance visible » est, d'après Jean-Louis Le Moigne, incarnée par la publication quasi simultanée

1. Jean-Michel Besnier, *Les Théories de la connaissance* (2005), Paris, Puf, « Que sais-je ? », 2011, p. 116.

de deux ouvrages majeurs : *La Construction du réel chez l'enfant* (1937), de Jean Piaget, et *Le Nouvel Esprit scientifique* (1934), de Gaston Bachelard [1]. Le premier est l'œuvre d'un psychologue défendant une épistémologie génétique selon laquelle « l'intelligence (et donc l'action de connaître) ne débute ni par la connaissance du moi, ni par celle des choses comme telles, mais par celle de leur interaction ; c'est en s'orientant simultanément vers les deux pôles de cette interaction qu'elle organise le monde en s'organisant elle-même [2] ». Le second est l'œuvre d'un philosophe de la connaissance qui défend une épistémologie historique selon laquelle, dans la science moderne, « rien n'est donné » parce que « tout est construit [3] ». C'est le constructivisme épistémologique de Bachelard qui nous intéresse ici, dans la mesure où il repose sur le concept décisif de « phénoménotechnique ». Que signifie ce terme ?

C'est dans un bref article de 1931 intitulé « Noumène et microphysique » que Bachelard introduit pour la première fois le concept de phénoménotechnique [4]. Forgé de toutes pièces, ce concept met en lumière l'une des caractéristiques fondamentales de

1. J.-L. Le Moigne, *Les Épistémologies constructivistes* (1995), Paris, Puf, 2007, p. 61.

2. J. Piaget, cité par J.-L. Le Moigne, in *ibid.*, p. 75.

3. G. Bachelard, *La Formation de l'esprit scientifique*, *op. cit.*, p. 14.

4. G. Bachelard, « Noumène et microphysique », art. cit., p. 11-22.

la science moderne selon laquelle le travail scientifique ne consiste pas à décrire les phénomènes comme s'ils préexistaient à la théorie qui les pense, mais à les construire intégralement grâce à des dispositifs techniques capables de les faire apparaître et, partant, de les faire exister comme phénomènes proprement dits :

> La division classique qui séparait la théorie de son application ignorait cette nécessité d'incorporer les conditions d'application dans l'essence même de la théorie. [...] C'est alors qu'on s'aperçoit que la science *réalise* ses objets, sans jamais les trouver tout faits. La phénoménotechnique *étend* la phénoménologie. Un concept est devenu scientifique dans la proportion où il est devenu technique, où il est accompagné d'une technique de réalisation [1].

L'exemple de la physique nucléaire, cher à Bachelard, permet d'en prendre toute la mesure. En 1911, Ernest Rutherford émet l'hypothèse qu'au centre de l'atome se trouve un « noyau » concentrant à lui seul presque toute la masse de celui-ci, les électrons déterminant seulement sa taille. Mais parce que la matière dont est fait un noyau atomique est un million de milliards de fois plus dense que la matière ordinaire (un noyau atomique est mille fois plus petit que l'atome mais contient 99,97 % de sa masse), l'observation phénoménale du noyau semble au départ

1. G. Bachelard, *La Formation de l'esprit scientifique*, *op. cit.*, p. 61 (souligné par G. Bachelard).

impossible. Il faut attendre 1932 pour que John Cockcroft et Ernest Walton aient l'idée d'utiliser des particules électriquement accélérées à très grande vitesse pour les projeter sur le noyau afin de le désintégrer et, ainsi, pouvoir l'observer : c'est la naissance du premier accélérateur de particules, qui deviendra l'instrument central de la physique nucléaire.

Le noyau atomique comme réalité scientifique a d'abord existé à l'état théorique grâce à une hypothèse, avant d'être constitué à l'état phénoménal grâce à un instrument technique. C'est pourquoi, note Bachelard en 1933, « un instrument, dans la science moderne, est véritablement un théorème réifié [1] » au sens où, dans notre exemple, l'accélérateur de particules est une théorie de l'atome techniquement réalisée. Ainsi, « l'instrument de mesure finit toujours par être une théorie et il faut comprendre que le microscope est un prolongement de l'esprit plutôt que de l'œil [2] ». Autrement dit, les instruments techniques mis au point par la raison scientifique se trouvent impliqués au cœur d'un processus théorico-pratique d'élaboration active des phénomènes. Dans *Le Nouvel Esprit scientifique* (1934), Bachelard s'en explique un peu plus :

> Le phénomène [est] trié, filtré, épuré, coulé dans le moule des instruments, produit sur le plan des

1. G. Bachelard, *Les Intuitions atomistiques*, Paris, Boivin, 1933, p. 140.
2. G. Bachelard, *La Formation de l'esprit scientifique*, *op. cit.*, p. 242.

> instruments. Or les instruments ne sont que des théories matérialisées. Il en sort des phénomènes qui portent de toutes parts la marque théorique. [...] La véritable phénoménologie scientifique est donc bien essentiellement une phénoménotechnique. Elle renforce ce qui transparaît derrière ce qui apparaît. Elle s'instruit par ce qu'elle construit [1].

Pendant vingt ans, dans tous ses ouvrages, Bachelard le martèlera : « on pourrait déterminer les différents âges d'une science par la technique de ses instruments de mesure [2] », parce que cette science ne peut savoir que ce que son appareillage technique lui permet effectivement de voir. Plus encore : les réalités scientifiques n'existent même pas – à l'état de phénomènes – en dehors des appareils capables de les révéler. Pour apparaître, il leur faut un appareil. D'où le lien consubstantiel entre technique et phénomène :

> Les phénomènes scientifiques de la science contemporaine ne commencent vraiment qu'au moment où l'on met en marche les appareils. Le phénomène est donc ici un phénomène d'appareil [3].

Pour bien le comprendre il faut revenir à la distinction kantienne, reprise par Bachelard, entre nou-

1. G. Bachelard, *Le Nouvel Esprit scientifique*, *op. cit.*, p. 16-17.
2. G. Bachelard, *La Formation de l'esprit scientifique*, *op. cit.*, p. 216.
3. G. Bachelard, *L'Activité rationaliste de la physique contemporaine* (1951), Paris, Puf, 1965, p. 5.

mène et phénomène. Le phénomène, c'est ce dont je peux faire une expérience par la perception. Le noumène, ou chose en soi, c'est ce qui est au-delà de l'expérience possible. Le monde de l'infiniment petit de la physique contemporaine, ce « monde caché dont nous parle le physicien contemporain [1] », est d'abord un monde nouménal, c'est-à-dire inaccessible à l'expérience, parce qu'il est avant tout « d'essence mathématique » :

> Il ne s'agit plus, comme on le répétait sans cesse au XIXe siècle, de traduire dans le langage mathématique les faits livrés par l'expérience. Il s'agit plutôt, tout à l'inverse, d'exprimer dans le langage de l'expérience commune une réalité profonde qui a un sens mathématique avant d'avoir une signification phénoménale [2].

Pour devenir phénoménal, c'est-à-dire pour devenir un phénomène observable de la nature, le monde microphysique doit être manifesté techniquement par des appareils adaptés, comme les accélérateurs de particules. Et pour cause : dans le monde quantique, celui des atomes, des électrons et des corpuscules qui les composent, il se produit des actions totalement inconcevables à l'échelle phénoménale, mais pourtant scientifiquement établies du point de vue nouménal. Une particule de matière, par exemple, peut exister simultanément en deux endroits à la fois et se

1. G. Bachelard, *Études*, *op. cit.*, p. 17.
2. *Ibid.*, p. 16.

déplacer toute seule ! S'ils en comprennent le fonctionnement d'un point de vue mathématique, les scientifiques ne savent pas pourquoi cela fonctionne ainsi, souligne Sheilla Jones [1]. De tels comportements de matière sont en rupture totale avec la rationalité phénoménale de la vie quotidienne. En 1935, Erwin Schrödinger a d'ailleurs imaginé une célèbre expérience de pensée quantique mettant en scène un chat enfermé dans une boîte, qui aboutissait à la conclusion que le chat pouvait, d'un point de vue quantique, être à la fois mort et vivant. « Personne ne comprend vraiment la physique quantique », aurait ainsi déclaré le prix Nobel Richard Feynman, l'un de ses plus grands théoriciens.

Du point de vue de Bachelard, la réalité phénoménale du monde quantique nécessite d'être techniquement construite, au risque de demeurer un monde caché pour mathématiciens. Et sans cette construction technique susceptible de la manifester, cette réalité phénoménale n'existe pas, *du moins en tant que phénoménale*. D'où la notion de phénoménotechnique, dont la première formulation issue de l'article de 1931 s'éclaire pleinement ici :

> Cette nouménologie éclaire une phénoménotechnique par laquelle des phénomènes nouveaux sont, non pas simplement trouvés, mais inventés, mais construits de toutes pièces. [...] La science atomique

1. S. Jones, *The Quantum Ten : A Story of Passion, Tragedy, Ambition, and Science*, Oxford University Press, 2008.

contemporaine est plus qu'une description de phénomènes, c'est une production de phénomènes [1].

Vingt ans plus tard, Bachelard n'a pas changé d'idée : avec la physique contemporaine, « nous avons quitté la nature, pour entrer dans une fabrique de phénomènes [2] ». La science est donc bien une phénoménotechnique. Plutôt qu'elle ne découvre les phénomènes de l'extérieur, elle les construit de l'intérieur, à coups de théories matérialisées par les instruments.

Par phénoménotechnique, il faut donc entendre une technique constructiviste de manifestation des phénomènes. La leçon philosophique majeure à en tirer, c'est que *la constructibilité technique est un critère d'existence phénoménale*. C'est parce qu'un phénomène est techniquement construit ou constructible qu'il peut, dans la science moderne, exister comme phénomène. Autrement dit, la technique engendre la phénoménalité. La philosophie de la technique ne semble pas avoir pris la mesure d'une idée aussi forte. On peut pourtant en déduire, bien au-delà du seul domaine de la science, les fondements d'un constructivisme phénoménologique susceptible de modifier en profondeur le regard que l'homme porte – ou plutôt ne porte pas – sur la technique.

1. G. Bachelard, *Études*, *op. cit.*, p. 18 et 22.

2. G. Bachelard, *L'Activité rationaliste de la physique contemporaine*, *op. cit.*, p. 10.

11 – La technique comme matrice ontophanique

Si l'expérience scientifique désigne le dispositif rationnellement et techniquement construit qui permet de tester une hypothèse en vue de produire une connaissance, l'expérience au sens large désigne l'ordre de ce qui peut être éprouvé par les sens et, plus généralement, de ce qui est accessible par la perception. L'expérience est le fait de la perception. Et la perception, c'est l'interaction avec le phénomène. Par « phénomène » il ne faut pas entendre, au sens restreint, le phénomène scientifique (tel que l'analyse Bachelard), mais, au sens général, le phénomène mondain (ou phénomène du monde) en tant qu'il se donne au sujet. Le phénomène du monde, c'est tout ce qui apparaît et, par suite, s'offre à vivre, éprouver, investir. Il s'agit aussi bien des phénomènes physiques et psychiques que sociaux. Dès lors, l'expérience, c'est le fait d'éprouver un phénomène du monde. À chaque fois que je perçois, je fais donc une expérience-du-monde. Et comme je perçois à chaque instant, je fais à chaque instant une expérience-du-monde.

Quoiqu'ils les enveloppent, les phénomènes du monde ne sont pas, comme les phénomènes scientifiques, des phénomènes d'appareil. Il n'est pas nécessaire de mettre en marche des appareils pour les faire apparaître. Bien au contraire, tout se passe comme s'ils étaient déjà là. Néanmoins, nous voulons montrer qu'ils ne se contentent pas d'apparaître pour ainsi dire par eux-mêmes, comme s'ils étaient naturels et indépendants de nous. Et c'est ici que le constructivisme épistémologique de Bachelard, celui de la connaissance, fonde notre constructivisme phénoménologique, celui de la perception. Tout comme la connaissance est construite dans son interaction avec l'objet, la perception est également construite dans son interaction avec le phénomène. Tout comme Bachelard ne sépare pas la science de ses conditions d'application, nous ne séparons pas la perception de ses conditions d'exercice. Et tout comme les conditions d'application de la science sont techniques, il existe des conditions d'exercice de la perception qui sont également techniques.

L'hypothèse est la suivante : si la constructibilité technique est un critère d'existence phénoménale, cela n'est pas seulement vrai pour les phénomènes de la science ; les phénomènes du monde doivent eux aussi leur phénoménalité à des facteurs techniques. C'est même l'un des fondements inaperçus de la phénoménalité que d'être techniquement conditionnée. Il ne s'agit pas seulement d'estimer que toute chose est influencée techniquement, comme si la technique avait, de l'extérieur, une simple répercussion sur les phénomènes – ce qui n'est pas faux ; Pierre Lévy a d'ailleurs bien souligné l'inanité de cette métaphore de l'impact, qui compare la technologie à un « projectile » venant frapper la culture ou la société [1]. Il s'agit de montrer que le fait d'apparaître comme une chose est un processus phénoménotechnique en soi et que la technique conditionne, de l'intérieur, la phénoménalité des phénomènes.

Par phénoménalité des phénomènes, nous entendons la manière dont l'être (*ontos*) nous apparaît (*phaïnomenon*), en tant que celle-ci induit une qualité particulière de se-sentir-au-monde. Nous l'appelons *ontophanie*, au sens étymologique du terme tel qu'il a été initié par Mircea Eliade et qui signifie que quelque chose se montre à nous [2]. Dès lors, supposer que

1. P. Lévy, *Cyberculture*, *op. cit.*, p. 21-23 : « La technologie est-elle un acteur autonome, séparé de la société et de la culture, qui seraient les entités passives persécutées par un agent extérieur ? Je soutiens au contraire que la technique est un angle d'analyse des systèmes sociotechniques globaux, un point de vue qui met l'accent sur la partie matérielle et artificielle des phénomènes humains, et non une entité réelle, qui existerait indépendamment du reste, aurait des effets distincts et agirait par elle-même. […] Les rapports véritables ne se nouent donc pas entre “la” technologie (qui serait de l'ordre de la cause) et “la” culture (qui subirait des effets), mais entre une multitude d'acteurs humains qui inventent, produisent, utilisent et interprètent diversement des techniques. »

2. Le terme « ontophanie » a été employé pour la première fois en 1956 par Mircea Eliade au sens de « manifestation de l'être » dans *Le Sacré et le Profane*, Paris, Gallimard, « Idées », 1965, rééd. « Folio essais », 1994, p. 87 et 102. Il est cité deux fois en parallèle du terme « hiérophanie », qui signifie « l'acte de manifestation du sacré » et est le concept central de l'ouvrage. D'après Eliade, chez l'homme religieux les modalités de manifestation de l'être et de la sacralité sont inséparables : « ontopha-

toute ontophanie du monde est une ontophanie technique [1] ou, du moins, possède une dimension technique revient à postuler qu'il existe des conditions a priori de la perception qui sont, non pas transcendantales comme chez Kant, mais techniques comme chez Bachelard. Dans cette perspective, la technique peut être définie comme une matrice ontophanique, c'est-à-dire une structure générale de la perception qui conditionne a priori la manière dont les êtres apparaissent. En tant que telle, cette structure n'appartient pas à l'organisation interne de notre faculté de connaître (elle n'est pas une structure a priori du sujet de la connaissance), mais à l'organisation externe de notre culture technique (nous proposons de l'appeler une structure techno-transcendantale). Or la culture technique dans laquelle nous vivons dépend d'un système technique.

En effet, d'un système technique à l'autre, ce n'est pas seulement l'objet de la perception qui change au gré des matériaux inédits exploités (le bois,

nie et hiérophanie se rejoignent », écrit-il. Le terme est réutilisé en un sens similaire par Vladimir Jankélévitch en 1957 dans *Le Je-ne-sais-quoi et le Presque-rien*, tome 1 : « La manière et l'occasion », Paris, Le Seuil, « Points », 1980, p. 34.

1. À ne pas confondre avec la notion de « technophanie » développée par Simondon à la suite de celle de « hiérophanie » chez Eliade. Voir G. Simondon, « Psycho-sociologie de la technicité », *Bulletin de l'École pratique de psychologie et de pédagogie*, n° 2 (1960), p. 127-140 ; n° 3 (1961), p. 227-238 ; n° 4 (1961), p. 319-350, Université de Lyon.

l'acier, le pétrole, l'électricité, l'information…) ou des appareils inventés (bielle-manivelle, machine à vapeur, accélérateur de particules, ordinateur, etc.). Ce qui change, c'est l'acte même de perception, dans sa dynamique phénoménologique interne, parce que c'est la phénoménalité même des êtres (entendez leur ontophanie) qui est redéfinie et renégociée par la culture technique. Pour un phénomène du monde, quel qu'il soit, le simple fait d'apparaître est très différent lorsqu'il se situe au temps des mécanismes de bois et d'eau (ontophanie prémécanique, ou « éotechnique [1] »), des hauts-fourneaux et des machines à vapeur (ontophanie mécanisée), ou des interfaces et des ordinateurs en réseau (ontophanie numérique). Toute expérience du monde dépend d'une ontophanie technique. Parce que, dans chaque cas, le simple fait d'apparaître – c'est-à-dire la manifestation pure, ou ontophanie – consiste à s'offrir au sujet selon des qualités perceptives entièrement conditionnées techniquement, qui rendent unique et singulière l'expérience-du-monde possible à une époque donnée, au sens où cette expérience est sensible à la technique de l'époque. Prenons quelques exemples.

À la Renaissance, le rouet à pédale installé à l'extérieur de la maison s'active dans le grincement tranquille et régulier des engrenages de bois, libre-

1. Terme dû à Lewis Mumford pour qualifier l'alliance du bois et de l'eau à la Renaissance. Voir L. Mumford, *Technique et Civilisation* (1934), Paris, Le Seuil, 1976.

ment rythmé par le pied ou la main de la fileuse, dans une ambiance sonore calme, inférieure ou égale au souffle du vent dans les arbres voisins ; le contact du corps avec la laine et le bois, matériaux vivants, procure un sentiment de continuité charnelle avec la nature ; la roue de moulin tourne en suivant le mouvement naturel de l'eau, dont on entend le clapotis, tandis que la scie hydraulique suit mécaniquement ses ondulations, non sans émettre quelques crissements aigus ; à l'horizon, le paysage visuel n'est guère transformé par tous ces gestes techniques et les installations qu'ils impliquent. Nous sommes à la Renaissance, et nous faisons là une expérience-du-monde dont la qualité phénoménale est conditionnée par un système technique prémécanique peu intrusif. Telle est l'ontophanie éotechnique.

Trois siècles plus tard, sur le site d'une mine de charbon, la force de la vapeur soulève d'énormes pistons métalliques qui redescendent aussitôt afin de frapper le sol, dans un vacarme assourdissant ; la chaudière dégage une chaleur importante et moite tandis que le ciel s'obscurcit de fumée noire en raison de la combustion du charbon, dont l'odeur se répand à plusieurs centaines de mètres ; une fois lancée, la machine impose sa cadence brutale et systématique, comme dans les locomotives dont on entend au loin le sifflement caractéristique ; le contact prolongé du corps avec le métal, matériau froid et inerte, provoque un sentiment d'inquiétante étrangeté et rend ces longues heures de travail dépersonnalisantes ; sur la ligne d'horizon, la silhouette des pistons et des longues cheminées se découpe dans le ciel et dessine un nouveau paysage. La qualité phénoménale – c'est-à-dire perceptive – de cette expérience-du-monde est bien différente de celle possible à la Renaissance. Elle est conditionnée par le premier système technique industriel. Telle est l'ontophanie mécanisée.

Deux siècles après, sur un écran artificiel qui diffuse une importante quantité de lumière, le micro-ordinateur affiche des fenêtres, des icônes et des menus offerts à l'interaction ; stimulés par l'image, nos yeux restent fixés pendant des heures sur cet objet silencieux, posé sur une table et nécessitant de rester assis à l'intérieur d'un espace bâti ; de temps en temps, de jolis sons stéréotypés sont émis par la machine pour avertir d'un message ou d'un événement ; les mains et les yeux sont constamment sollicités et, grâce à leurs nombreuses interactions avec le système, une immense quantité d'informations peut être traitée dans une même journée, rendant les tâches laborieuses toujours plus rapides et efficaces, et les activités oisives et ludiques toujours plus spectaculaires et attractives ; difficile de dire quel temps il fait dehors ou ce qui se passe aux alentours, tant l'objet invite à l'immersion ; l'information peut cependant être recherchée sur le Web, ou sur le téléphone mobile voisin, posé sur la même table et lui-même constitué d'un écran, de taille plus réduite ; le contact avec le paysage n'existe plus de manière directe, excepté dans les images numériques proposées en fond d'écran ; des interactions en réseau permettent cependant de rester en contact permanent avec des correspondants, dont les messages affluent sur Twitter ou Facebook. Voilà à quoi ressemble l'expérience-du-monde possible à l'heure numérique, lorsque les conditions d'exercice de la perception sont conditionnées par le système technique numérique. Telle est l'ontophanie numérique.

Ces trois mises en situation mériteraient plus de développements, mais suffisent déjà à illustrer combien le système technique d'une époque façonne, à la manière d'une structure techno-transcendantale, la qualité phénoménale du monde dont nous faisons l'expérience. Ce n'est pas tant l'objet de la perception qui est différent, mais l'acte de perception lui-même qui est changé, puisqu'en faisant une expérience-du-monde dont la qualité ontophanique diffère, c'est la manière même de se-sentir-au-monde qui est remaniée. Comme si ce n'était pas le même monde, en tant que monde, dont nous faisions l'expérience, car le processus de sa manifestation phénoménale est inséparable des qualités ontophaniques dont sont faits les dispositifs techniques qui le composent et le conditionnent.

Si l'ontophanie est la manifestation de l'être et si elle dépend de la culture technique ambiante, alors la qualité ontologique des phénomènes du monde est toujours conditionnée par un système technique de référence. Par là, chaque changement de système technique est à interpréter comme un changement d'ontophanie, où sont redéfinies les modalités de la perception. L'être-au-monde possible issu de l'ontophanie éotechnique, marqué par le silence des instruments et la proximité charnelle de la nature, n'est pas le même que l'être-au-monde possible issu de l'ontophanie mécanisée, marqué par la violence des machines et la mécanisation généralisée de l'existence corporelle, ou que l'être-au-monde issu de l'ontophanie numérique, déterminé par la rapidité du calcul, la fluidité d'exécution des procédures et l'immersion dans les interfaces.

Tout ceci montre combien l'expérience est en elle-même une construction phénoménotechnique : en tant qu'interaction perceptive entre le sujet et le phénomène, elle est toujours techniquement produite – et pas seulement techniquement médiatisée ou influencée. Par phénoménotechnique, il faut ainsi entendre le fait qu'un principe technique peut conditionner la phénoménalité d'un phénomène. La phénoménotechnique, c'est la construction technique de l'ontophanie. C'est pourquoi la technique se présente comme une matrice ontophanique, à savoir : comme un moule phénoménologique, produit par la culture et l'histoire, dans lequel se coule notre expérience-du-monde possible.

Une telle conception peut être rapprochée du constructivisme esthétique d'Anne Cauquelin, tel qu'il se dégage de *L'Invention du paysage*, dont la lecture a été, avant même Bachelard, la première source d'inspiration des hypothèses développées ici. Le paysage n'est rien de naturel : il a été inventé à la Renaissance en même temps que les lois de la perspective.

> La question de la peinture se tient là : elle projette devant nous un « plan », une forme où se coule la perception, nous voyons en perspective, nous voyons des tableaux, nous ne voyons ni ne pouvons voir autrement que selon les règles artificielles mises en place à ce moment précis, celui où, avec la perspective, naît la question de la peinture et celle du paysage [1].

Une forme où se coule la perception, voilà bien ce qu'est la matrice ontophanique. La technique de la perspective est la matrice ontophanique de la nature : elle conditionne la phénoménalité de la nature, c'est-à-dire la manière dont la nature nous apparaît (du moins visuellement). Oscar Wilde l'avait remarqué bien avant tout le monde, non sans pénétration :

> Qu'est-ce donc que la Nature ? Elle n'est pas la Mère qui nous enfanta. Elle est notre création. C'est dans notre cerveau qu'elle s'éveille à la vie. Les choses sont parce que nous les voyons, et ce que nous voyons, et comment nous le voyons, dépend des arts qui nous ont influencés. Regarder une chose et la voir sont deux actes très différents. On ne voit quelque

1. A. Cauquelin, *L'Invention du paysage*, *op. cit.*, p. 31. Voir aussi l'essai marquant d'Alain Roger, *Court Traité du paysage*, Paris, Gallimard, 1997.

> chose que si l'on en voit la beauté. Alors, et alors seulement, elle vient à l'existence. À présent, les gens voient des brouillards, non parce qu'il y en a, mais parce que des poètes et des peintres leur ont enseigné la mystérieuse beauté de ces effets. Des brouillards ont pu exister pendant des siècles à Londres. J'ose même dire qu'il y en eut. Mais personne ne les a vus et, ainsi, nous ne savons rien d'eux. Ils n'existèrent qu'au jour où l'art les inventa [1].

Si l'art invente les brouillards et les fait venir à l'existence, c'est bien que la culture – artistique, dans ce cas – a le pouvoir d'engendrer la phénoménalité. Et ce qui se passe avec la technique est au moins aussi vrai que ce qui se passe avec la peinture, sinon bien davantage : car non seulement ce que nous voyons dépend des techniques qui nous ont influencés mais, répétons-le, les techniques avec lesquelles nous vivons, à une époque donnée, conditionnent les modalités mêmes de la manifestation possible du monde à cette même époque. Regarder le ciel à l'heure de la machine à vapeur n'est pas faire la même expérience ontophanique du ciel qu'à l'heure des interfaces numériques – même si c'est (peut-être) un ciel identique et même si le ciel n'est pas un artefact. Chaque système technique crée des conditions ontophaniques différentes, c'est-à-dire des conditions matérielles de manifestation phénoménale qui

1. O. Wilde, « Le déclin du mensonge », *Intentions* (1928), Paris, UGE, « 10-18 », 1986, p. 56-57.

lui sont propres et particulières (en tant que système technique d'une époque donnée) et forment un « environnement perceptif » particulier (au sens de l'*Umwelt* ou « monde propre » de Jacob von Uexküll). À chaque système technique correspond ainsi une matrice ontophanique du réel. L'histoire des révolutions techniques est l'histoire des révolutions ontophaniques. Parce qu'il n'existe aucun phénomène du monde en dehors des conditions techniques dans lesquelles les phénomènes sont possibles. Parce que notre perception du réel est le résultat de ce que construit notre esprit à partir des opérateurs techniques de la réalité dont il dispose à tel ou tel moment de l'histoire. La technique est donc bien une forme où se coule la perception, une structure techno-transcendantale qui produit les conditions de la phénoménalité du réel. Le monde est le fruit d'une coulée phénoménotechnique.

Considéré sous cet angle, le réel n'est jamais universel et substantiel. Il n'y a pas d'ontologie de l'invariant, comme si « l'être » avait toujours été là, au point où, comme le veut Heidegger, il aurait pu tomber dans « l'oubli ». Il n'y a pas de structures ontologiques invariantes, et il n'y en a jamais eu. Il n'y a que des structures phénoménologiques changeantes, et il y en aura toujours, ce que Pierre Lévy appelle du « transcendantal historique [1] ». L'ontologie

1. P. Lévy, *La Machine univers : création, cognition et culture informatique*, Paris, La Découverte, 1987, p. 213.

ne peut être qu'une phénoménologie historique et culturelle ou bien, comme y invite Peter Sloterdijk, une onto-anthropologie. Parce que le réel ou « l'être » est toujours particulier et accidentel, sensible aux conditions techniques de l'époque. Être-au-monde ou être-là, ce n'est pas une condition métaphysique générale détachée des conditions du siècle. Être-au-monde ou être-là, ce n'est simplement pas la même chose selon que l'on vit dans le système technique prémécanique ou dans le système technique numérique. La pâte du monde a l'âge de nos dispositifs techniques.

12 – Dialectique de l'appareil et de l'apparaître

Ce qui est tout à fait remarquable, dans la sensibilité d'une époque, c'est la concomitance des idées. À tous les âges et dans tous les domaines, les idées nouvelles fleurissent toujours presque en même temps dans l'esprit d'une poignée d'hommes dont les destins ne se rencontrent pas toujours. Alexander Graham Bell est, dit-on, l'inventeur du téléphone, mais lorsqu'on se penche sur le détail de l'histoire, on s'aperçoit que les inventeurs Antonio Meucci ou

Elisha Gray ne le sont pas moins [1]. De même, John von Neumann est connu pour être l'inventeur du modèle théorique de l'ordinateur mais, les historiens le savent, John P. Eckert et John W. Mauchly ne le sont pas moins. La liste est longue de ces aventures d'idées concomitantes.

Celle qui nous intéresse ici est philosophique. Elle se produit en 1931, à la faveur d'une double parution : d'un côté, en France, dans la revue *Recherches philosophiques*, Gaston Bachelard publie son article « Noumène et microphysique », où il introduit le concept de phénoménotechnique ; de l'autre, en Allemagne, dans le magazine culturel *Die Literarische Welt*, Walter Benjamin publie, en trois livraisons, son célèbre article intitulé « Petite histoire de la photographie [2] ». Quelques années plus tard – par un hasard encore plus frappant –, ces deux auteurs renforcent et développent leurs intuitions respectives, chacun à travers un ouvrage qui fera date : le premier dans *Le Nouvel Esprit scientifique*, publié en 1934, le second dans *L'Œuvre d'art à l'époque de sa reproductibilité tech-*

1. Bell déposa son brevet le 14 février 1876 à 14 heures et Gray le sien le même jour à 16 heures. « Au premier la gloire, au second l'oubli », comme le souligne Robert Vignola dans son livre *Allô ! La merveilleuse aventure du téléphone*, Paris, CZ Créations, 2000, p. 18.

2. W. Benjamin, « Petite histoire de la photographie » (1931), *Études photographiques*, n° 1, novembre 1996 (en ligne : http://etudesphotographiques.revues.org/index99.html [texte intégral]).

nique, dont la première version rédigée date de 1935 [1]. Ce qui est marquant, c'est l'émergence concomitante du concept de phénoménotechnique, dont l'énonciation revient à Bachelard, mais que chacun de ces deux auteurs à sa manière contribue à dégager : le premier en analysant le travail de la science moderne à partir de la physique nucléaire, le second en interrogeant la nature de l'œuvre d'art moderne à partir de la photographie. En quoi la thèse de Benjamin sur l'œuvre d'art rejoint-elle la phénoménotechnique bachelardienne et en quoi peut-elle nous aider à formuler les principes généraux d'une phénoménologie techno-transcendantale ?

Une première réponse tient en quelques mots : tout comme Bachelard introduit la technique au cœur de l'activité scientifique, Benjamin introduit la technique au cœur de la pratique artistique. Pour Benjamin, en effet, il est temps de remettre en cause « dans toute sa pesante balourdise le concept trivial d'art auquel toute considération technique est étrangère », écrit-il, ce « concept fétichiste et fondamentalement antitechnique » qui, avec l'invention de la technique photographique, « sent venir sa fin » [2]. En analysant ce qu'il appelle « l'expansion et le déclin de la photographie [3] », du moins le déclin esthétique dans lequel

1. Sur l'histoire éditoriale complexe de cet ouvrage, voir la « Notice » dans W. Benjamin, *L'Œuvre d'art à l'époque de sa reproductibilité technique* (1935-1939), Paris, Allia, 2009, p. 79.

2. W. Benjamin, « Petite histoire de la photographie », *op. cit.*

3. *Ibid.*

on peut estimer qu'elle se trouve (très provisoirement) dans les années 1920 en raison de l'expansion abusive de la profession de photographe au détriment du métier de peintre, Benjamin montre que l'on a perdu la beauté des anciennes photographies [1], celles des débuts du daguerréotype, ces « premières photographies, si belles et inapprochables [2] ». Ces images avaient d'après lui le mérite de faire apparaître des êtres selon une phénoménalité technique en accord avec la phénoménalité naturelle du monde, au sens où, sur ces clichés, les personnages avaient une « aura », celle-là même qu'ont les choses, ou les phénomènes du monde, à l'état naturel :

> Qu'est-ce au fond que l'aura ? Un singulier entrelacs d'espace et de temps : unique apparition d'un lointain, aussi proche soit-il. Reposant par un jour d'été, à midi, suivre une chaîne de montagnes à l'horizon, ou une branche qui jette son ombre sur le spectateur, jusqu'à ce que l'instant ou l'heure ait part à leur apparition – c'est respirer l'aura de ces montagnes, de cette branche [3].

1. On les trouvera reproduites et présentées dans Isabelle Soraru, « Sur Walter Benjamin et sa "Petite histoire de la photographie" », *La Revue des ressources*, juin 2011 (en ligne : http://www.larevuedesressources.org/sur-walter-benjamin-et-sa-petite-histoire-de-la-photographie-1931,2006.html).

2. W. Benjamin, « Petite histoire… », *op. cit.*

3. *Id.* La même définition et le même exemple sont repris dans W. Benjamin, *L'Œuvre d'art…*, *op. cit.*, p. 19.

Une telle notion ne saurait laisser indifférents. L'aura, c'est l'unicité de l'apparition, en tant que moment de vérité phénoménale. L'aura, c'est l'autre nom de l'ontophanie. Autrement dit, non seulement la phénoménalité naturelle du monde se donne dans une aura, mais les premières photographies savent la restituer :

> Dans l'expression fugitive d'un visage d'homme, sur les anciennes photographies, l'aura nous fait signe, une dernière fois. C'est ce qui fait leur incomparable beauté, pleine de mélancolie [1].

En revanche, la photographie du début du XXe siècle a perdu la capacité à restituer l'aura des choses. Devenue technique de reproduction de masse, à vocation essentiellement sociale (« la photographie [a pris] le relais de la peinture [2] »), elle fabrique à la chaîne de nombreuses images sans goût, en vue de répondre au besoin nouveau de remplir les albums de famille (pour cela, on recourt à une foule d'accessoires ridicules cherchant à imiter la peinture : colonnes, tapis, draperies, palmiers, tapisseries, etc.). C'est ainsi que l'on peut parler d'un déclin esthétique de la photographie, au moment même où elle connaît sa première grande expansion sociale. Ce déclin, on l'aura compris, est aux yeux de Benjamin celui de l'aura. La photographie, du moins

1. *Ibid.*, p. 31.
2. W. Benjamin, « Petite histoire… », *op. cit.*

quand elle se fonde sur la seule « reproductibilité technique », déprécie le *hic et nunc*, c'est-à-dire l'ici et maintenant constitutif de l'unicité ontophanique de l'aura, en tant qu'authenticité phénoménale.

Dès lors, ce qui se produit avec le déclin de l'aura, ce sont des « changements auxquels nous assistons au niveau de la perception [1] », parce que la perception est techniquement déterminée par l'appareil : « ce qui demeure décisif en photographie, c'est toujours la relation du photographe à sa technique [2] » ; ce qu'on appelle l'œil du photographe est avant tout une expertise technique, voire une connaissance scientifique de la machine à capter la lumière. Cette expertise technique est indispensable pour faire émerger l'aura. Aussi, en des termes où surgit ce qui ressemble à une conception phénoménotechnique de l'art, Benjamin peut-il écrire :

> Car la nature qui parle à l'appareil est autre que celle qui parle à l'œil ; autre d'abord en ce que, à la place d'un espace consciemment disposé par l'homme, apparaît un espace tramé d'inconscient. S'il nous arrive par exemple couramment de percevoir, fût-ce grossièrement, la démarche des gens, nous ne distinguons plus rien de leur attitude dans la fraction de seconde où ils allongent le pas. La photographie et ses ressources, ralenti ou agrandissement, la révèlent. Cet inconscient optique, nous ne le décou-

1. W. Benjamin, *L'œuvre d'art...*, *op. cit.*, p. 19.
2. W. Benjamin, « Petite histoire... », *op. cit.*.

vrons qu'à travers elle, comme l'inconscient des pulsions à travers la psychanalyse [1].

Tout comme les appareils du physicien permettent de rendre visible le monde microphysique, les dispositions techniques de l'appareil photographique permettent de restituer l'aura des choses : « grâce à des procédés comme l'agrandissement ou le ralenti, on peut atteindre des réalités qu'ignore toute vision naturelle [2] ». Un appareil qui détient ainsi le pouvoir de faire apparaître doit donc être appelé, dans l'héritage de Bachelard, un dispositif phénoménotechnique. Tel est l'appareil photographique, ou encore la caméra cinématographique [3], mais pas seulement : l'accélérateur de particules, le téléphone, l'ordinateur en sont des exemples tout aussi caractéristiques, nous y reviendrons.

La phénoménotechnique artistique de Walter Benjamin rencontre ainsi en plein cœur la phénoménotechnique scientifique de Gaston Bachelard. Elle permet d'étayer sur des fondements plus solides encore l'hypothèse d'une phénoménotechnique générale. Car affirmer que le monde est le fruit d'une coulée phénoménotechnique ou que la technique est une matrice ontophanique conditionnant la phénoménalité du réel, ce n'est pas simplement dire avec Bachelard que les techniques scientifiques produisent

1. *Ibid.*
2. W. Benjamin, *L'Œuvre d'art…*, *op. cit.*, p. 15.
3. *Ibid.*, p. 60-61.

de la phénoménalité physique, ou, avec Benjamin, que les techniques artistiques produisent de la phénoménalité sensible ; c'est dire que la totalité des procédures techniques d'une époque, en tant que définies et unifiées dans un système technique historiquement déterminé, produisent la phénoménalité générale singulière qui fait le monde de cette époque dans sa qualité ontophanique. Cela signifie que nous sommes au monde seulement en tant que donnés à nous-mêmes dans une phénoménotechnique ambiante ayant la valeur d'un « environnement perceptif » propre ou *Umwelt*. La phénoménotechnique est bien plus qu'un fait d'appareillage : elle est un fait de réel, au sens où elle est immanente à la pâte du monde – à condition de souligner que la pâte du monde change avec l'histoire [1].

Dès lors, il devient possible de reformuler les thèses de Walter Benjamin dans les termes d'une philosophie générale de la technologie définie comme phénoménologie techno-transcendantale. Dans cette perspective, le déclin de l'aura cher à l'auteur de la « Petite histoire de la photographie » n'est que le signe visible de la révolution ontophanique en cours, celle qui se rattache au système technique de la méca-

1. W. Benjamin relevait déjà, au détour d'une page : « Sur de longues périodes de l'histoire, avec tout le mode d'existence des communautés humaines, on voit également se transformer leur façon de percevoir. La manière dont opère la perception – le médium dans lequel elle s'effectue – ne dépend pas seulement de la nature humaine, mais aussi de l'histoire » (*ibid.*, p. 18).

nisation dont l'appareil photographique est l'une des nombreuses incarnations inventives. Ce déclin n'est pas tant un événement esthétique qu'un événement ontophanique. Chacun est libre d'en juger la valeur esthétique. Mais ce qui importe, c'est qu'à travers l'idée d'un déclin de l'aura Benjamin ne fait rien que saisir, dans l'esprit du temps, un effet de changement de matrice ontophanique caractéristique du mouvement de l'histoire. Que ce changement opère provisoirement au détriment de certaines valeurs esthétiques, en raison du rythme particulier qui est indéniablement celui du « devenir authentique des techniques [1] », ne change rien à l'affaire. L'événement central, qui affecte le monde humain de manière systémique, c'est celui de la révolution ontophanique, c'est-à-dire du changement de statut phénoménal du monde. Le bouleversement des valeurs esthétiques qui en résulte n'en est qu'un effet secondaire parmi d'autres. Le prétendu déclin de la photographie n'est donc, dans le monde de l'art, que l'un des multiples

1. Pierre-Damien Huyghe, « Le devenir authentique des techniques », conférence au Centre National de la Recherche technologique, Rennes, 2004 (en ligne : http://pierredamienhuyghe.fr/documents/textes/huyghethomson.pdf). Retenons en particulier les formules suivantes : « les conditions qui permettent à une technique de s'avérer socialement ne sont pas celles qui lui permettent de s'avérer en tant que telle, authentiquement », i. e., « les usages d'une invention précèdent son accomplissement » ; autrement dit, « une technique peut être employée avant d'être parfaitement avérée ».

aspects de la révolution ontophanique provoquée, dans le monde social tout entier, par le développement du système technique mécanisé.

On perçoit mieux, à travers l'exemple de l'appareil photographique, la relation intime qui se tisse, dans la culture d'une époque, entre un système technique et la matrice ontophanique qu'il engendre. Cette relation, que seule une phénoménologie techno-transcendantale permet de mettre au jour, W. Benjamin ne pouvait pas l'apercevoir, même s'il en a eu l'intuition. En revanche, le travail que conduit Pierre-Damien Huyghe depuis une dizaine d'années sur le conditionnement technique de l'art, dans la référence incessante à l'auteur de la « Petite histoire de la photographie », a permis de mieux comprendre ce que Benjamin ne faisait qu'entrevoir, et se rapproche de cette phénoménologie techno-transcendantale. En effet, bien que son propos ne soit jamais dissocié d'une inquiétude esthétique [1] (ce qui lui permet assez rarement d'aborder la technique pour elle-même), Pierre-Damien Huyghe fait jouer au concept d'appareil, directement issu des thèses de Benjamin, un rôle d'importance croissante au fil de ses ouvrages.

1. « Pendant plusieurs années, l'exigence d'un travail théorique est venu chez moi d'une pratique de la peinture » (P.-D. Huyghe, *Du commun : philosophie pour la peinture et le cinéma*, Belval, Circé, 2002, p. 9).

En 2002, dans *Du commun*, évoquant « la technicité foncière de l'être [1] », Huyghe écrit, dans un chapitre sur la question de l'art : « la technique consiste à rendre possible quelque chose, elle constitue le domaine global de l'élaboration de la culture [2] ». On pourrait lire là un simple rappel simondonien mais c'est plutôt, nous allons le voir, une intuition phénoménotechnique qui s'esquisse. Sur le modèle photographique, l'*appareil* est encore conçu comme appareil de prise de vue [3] et la thèse centrale, dans la lignée de W. Benjamin, est celle du conditionnement technique de l'art :

> Nous dirons donc que faire de l'art, c'est aventurer une technique, un savoir-faire. [...] L'art consiste à poursuivre, ou à pousser, une technique (le dessin par exemple) hors de son domaine d'efficacité [4].

Néanmoins, une hypothèse plus générale semble se dégager :

> Qu'il en soit ainsi, que l'appareil s'impose à la pensée de l'être au monde, ce n'est pas là seulement un fait d'art au sens restreint du terme. L'appareillage

1. *Ibid.*, p. 82.
2. *Ibid.*, p. 64.
3. *Ibid.*, p. 113.
4. *Ibid.*, p. 96. La même idée prend encore plus de relief quelques années plus tard : « même si "l'art" peut être une méthode du sens, cette méthode a trouvé son fondement philosophique premier dans la technicité » (P.-D. Huyghe, *Le Différend esthétique*, Belval, Circé, 2004, p. 10-11).

est une conduite essentielle d'existence [1]. De ce point de vue, il n'y a pas de raison d'opposer un art pur d'appareils (le dessin, la peinture) à une technique impure (la photographie, le cinéma) [2].

En 2003, la recherche de Pierre-Damien Huyghe s'enrichit d'un petit texte inspiré, où il est question des « formes de perception impliquées par les appareils [3] ». À cette occasion, une définition plus générale du concept d'appareil est donnée : un appareil n'est pas un objet technique comme les autres, mais « une modalité technique distincte de l'outil et de la machine [4] ». L'exemple fétiche est toujours celui de l'appareil photographique : quoique pouvant « servir » à produire des images à la manière d'un outil (« logique économique »), celui-ci serait également capable de produire de la perception et d'entrer dans le régime phénoménologique de l'appareil (« logique esthétique »). Mais voilà que, avec la logique « esthétique », revient la question de l'art dont Huyghe ne se soucie pas de s'extraire, comme s'il lui était impossible d'envisager la technique en dehors d'un usage esthétique et, partant, d'une manière contemplative de penser. La capacité de

1. *Ibid.*, p. 114.
2. *Ibid.*
3. P.-D. Huyghe, « Introduction au dossier "Temps et appareils" », *Plastik*, n° 3, automne 2003, Paris, Cérap / Publications de la Sorbonne, 2003, p. 4.
4. *Ibid.*

l'appareil à produire de la perception, et donc de la phénoménalité, est cependant réaffirmée : « la qualité particulière de l'appareillage » se traduit par « le fait qu'il y a en lui une puissance de perception, une forme particulière de la sensibilité [1] » qui peut être désignée comme une « capacité de l'appareil à former de la sensibilité », « une puissance à donner du monde, à faire monde » [2]. Ici, nous ne sommes pas loin de l'idée d'une phénoménotechnique générale, ce que confirme à sa manière cette affirmation :

> À chaque fois qu'apparaît dans l'histoire humaine un nouvel appareil, c'est toute une façon de partager le sensible qui risque de se déséquilibrer [3].

On ne saurait mieux dire, à ceci près que « se recomposer » conviendrait mieux que « se déséquilibrer », pour éviter tout jugement de valeur négatif. Mais l'auteur en revient vite à une phénoménotechnique contemplative de l'art :

> L'être humain est un être tel que les formes à partir desquelles son expérience se structure en un monde partageable – un monde commun – ne sont pas seulement internes mais aussi bien externes, historiques et techniques. C'est ainsi que nous sommes sensibles à des spatio-temporalités diverses, celle de la perspective picturale par exemple, mais aussi celle

1. *Id.*
2. *Ibid.*
3. *Ibid.*, p. 5.

de la photographie, ou encore celle du cinéma. [...] Ce qui compte, c'est de comprendre que, pour une large part, nous voyons moins ce que nous voulons que ce qui se trouve dans les possibilités de ces appareils [1].

En 2004, dans *Le Différend esthétique*, Pierre-Damien Huyghe franchit un pas en analysant de manière plus générale le lien intime entre existence et technicité :

Dire que l'art constitue les schèmes dont une technique a besoin pour se libérer de ses emplois et s'articuler à une pensée, c'est dire, dans le contexte de la présente analyse, qu'à chaque cas de poussée technique ou de nouvel appareillage du monde, ce qui se soustrait par art des anciens schèmes et des anciennes articulations de l'expérience est toujours lié à une certaine forme de l'espace et du temps, c'est-à-dire à une forme globale de la sensibilité. Ce propos peut sembler kantien : il ne l'est pas tout à fait, précisément par ce qu'il implique d'historicité des formes en question, de possibilité de travail de ces formes. Ici l'art consiste à mettre en œuvre de façon perceptible un appareillage de l'espace et du temps ou, si l'on préfère, la spatio-temporalité recelée des appareils en usage. Car c'est là qu'une poussée technique peut être considérée comme déterminante pour une époque : elle modifie la nature de l'être au monde (elle touche à « l'être à » de l'être) parce qu'elle touche à la

1. *Ibid.*

spatio-temporalité de cet être (à la forme de son « être ») [1].

Qu'une poussée technique puisse modifier la nature de l'être au monde, voilà qui rejoint l'hypothèse selon laquelle les techniques sont des matrices ontophaniques. Par « poussée technique » il faut entendre révolution technique, au sens où nous l'avons défini et analysé avec la révolution mécanisée ou la révolution numérique. La relation entre un système technique (une époque) et la modalité ontophanique qu'il engendre (une manière d'être au monde) se trouve alors établie. D'une phénoménotechnique de l'art inspirée par Benjamin, Pierre-Damien Huyghe s'approche, par les voies de l'esthétique, d'une phénoménotechnique générale inspirée, par les voies de l'épistémologie, de Bachelard.

À partir de 2005, ce point devient encore plus clair. Dans une « époque d'appareillage généralisé des perceptions [2] », écrit-il, « [la réalité sociale] se constitue en raison de la présence et de la dynamique d'un certain nombre de techniques et du mode de manifestation de ces techniques [3] ». Ce mode de manifestation, c'est « la parution, c'est-à-dire la phénoménalité tech-

1. P.-D. Huyghe, *Le Différend esthétique*, *op. cit.*, p. 110-111.

2. P.-D. Huyghe (dir.), *L'Art au temps des appareils*, Paris, L'Harmattan, 2005, p. 11.

3. P.-D. Huyghe, *Modernes sans modernité*, Paris, Nouvelles Éditions Lignes, 2009, p. 113.

nique [1] ». On l'aura compris, c'est le concept d'appareil qui fonde la phénoménotechnique de Pierre-Damien Huyghe :

> Un appareil – c'est toujours à partir de Benjamin que je peux avancer cette proposition – est un dispositif dont le régime peut parvenir à faire de la conscience [2].

La philosophie de la technique qui se dégage de la pensée esthétique de Pierre-Damien Huyghe est ainsi une philosophie de l'appareil. La formulation la plus générale en est donnée à la fin de *Modernes sans modernité* :

> [...] la technique entretient un rapport complexe avec la « parution » (par ce mot, je tente de traduire ce qui s'entend en grec dans la racine *ph-* de vocables comme *phusis* et *phantasma*, vocables qui renvoient au *phuein*, venir au jour, à l'éclosion, à la naissance, à la croissance, à la phénoménalisation de quelque chose. En somme, le degré d'évidence en situation d'un phénomène appareillé, d'un produit, d'un machiné, d'un « truqué », serait – est – proportionnel à la naturalité apparente de ce phénomène, de ce produit, de ce machiné, de ce « truqué », c'est-à-dire à la « disparition » en situation de l'artifice du *phuein* même qui fait que ce phénomène est là comme il est. Dès lors, ce qui assure à un objet construit sa parution spécifique

1. *Ibid.*, p. 111.
2. P.-D. Huyghe (dir.), *L'Art au temps des appareils*, *op. cit.*, p. 25-26.

ne se donne pas avec lui, ne se donne même pas comme objet ou n'est objectivable qu'au prix de l'évidence du « truc » en lui [1].

Par conséquent, c'est bien sur la dialectique de l'appareil et de l'apparaître, au sens où les appareils fondent la capacité du monde à s'offrir à la perception, que nous pouvons élaborer notre hypothèse d'une phénoménotechnique générale. Cette hypothèse est pour nous le point de départ d'une philosophie de la technologie conçue comme phénoménologie techno-transcendantale, dont les conséquences ne peuvent pas toutes être tirées dans le cadre limité du présent ouvrage mais qui est la seule capable de saisir cette « essence de la technique » que les misotechniciens du XXe siècle ont manquée.

Elle repose sur l'idée que, même si certains le sont plus que d'autres, tous les objets techniques sont des appareils, c'est-à-dire des dispositifs phénoménotechniques. Il n'y a pas lieu de distinguer entre deux régimes de la technicité, dont l'un (impur) serait celui de l'instrument (outil ou machine ne s'exerçant pas pleinement et restreint à la logique économique de l'emploi), et l'autre (noble) celui de l'appareil (dispositif phénoménotechnique exploitant toutes les possibilités de l'objet et s'élevant à la logique esthé-

1. P.-D. Huyghe, *Modernes sans modernité*, Paris, Nouvelles Éditions Lignes, 2009, p. 120.

tique du plein exercice)[1]. Tout emploi technique est déjà exercice phénoménotechnique, même si le degré de phénoménotechnicité est faible ou invisible. Pour l'artiste et l'architecte, le pinceau et le crayon, le Rotring et le compas ne sont pas moins des appareils que le daguerréotype et la tablette graphique, le logiciel AutoCAD ou l'application Instagram sur iPhone. Pour l'écrivain, le calame égyptien ou le porte-plume à encre ne sont pas moins des appareils que le stylographe et la machine à écrire de l'ère mécanisée, ou l'ordinateur, le traitement de texte et la tablette tactile de l'ère numérique.

Tous nos objets nous appareillent au monde et participent phénoménotechniquement, à des degrés divers, au processus ontophanique du réel. Et pas seulement les appareils de prise de vue, privilégiés par un Pierre-Damien Huyghe en raison de sa perspective esthétique. Le rouet à pédale ou la machine à vapeur, la scie hydraulique ou le haut-fourneau, l'automobile ou le téléphone, l'ordinateur ou le réseau Internet, tous ces dispositifs techniques sont, à des degrés divers, des machines à faire apparaître le monde et à modifier la nature de l'expérience que nous pouvons faire de l'être. Le temps des appareils n'est pas seulement celui de la modernité. Le temps des appareils, c'est celui de l'humanité. Nous vivons depuis toujours dans une réalité augmentée.

1. P.-D. Huyghe (dir.), *L'Art au temps des appareils*, *op. cit.*, p. 25-26 et suiv.

13 – Le modèle de l'ontophanie téléphonique

L'exemple du téléphone est édifiant. Il mériterait une « Petite histoire de la téléphonie » à la manière de Walter Benjamin où l'on montrerait comment, à la fin du XIXe siècle, l'irruption soudaine de la voix humaine dans une boîte de bois électrifiée a bouleversé la phénoménalité du monde, celle des relations à autrui et des relations sociales, cristallisant l'idée de révolution ontophanique. Pour cela, il faut revenir aux premiers usages du téléphone.

Destiné à pallier l'audition défaillante des sourds et malentendants, le téléphone de Graham Bell est inventé le 14 février 1876 à 14 heures (date de dépôt du brevet). Le 10 mars 1876, la première phrase retransmise par un téléphone électrique retentit entre deux chambres du dernier étage d'une maison de Boston, à travers ces mots célèbres que Bell adresse à son assistant placé dans l'autre pièce : « Watson, veuillez venir dans mon bureau, je vous prie ! » Le téléphone est né et cet épisode est considéré comme son origine historique, malgré les nombreuses querelles de paternité qui l'entourent. Dans la foulée, en 1877, est créée la Bell Telephone Company (ancêtre du géant américain AT&T) et, dès la fin du mois d'août, on compte déjà 1 300 appareils téléphoniques en usage aux États-Unis. La même année, Thomas

Edison invente le microphone, qui permet d'améliorer sensiblement l'appareil.

Présentée en France à l'Académie des sciences en octobre 1877, l'invention se propage rapidement en Europe. Au début, comme le souligne Robert Vignola auquel nous nous référons ici, personne ne sait à quoi le téléphone peut bien servir [1] (un peu comme avec le réseau social Twitter à ses débuts, dont les usages durables commencent seulement à se clarifier). Il y a ceux qui y croient et ceux qui n'y voient qu'une curiosité scientifique sans usage, ne serait-ce que parce que la voix n'est pas toujours audible. Dans un premier temps, le téléphone est envisagé comme simple « machine à délivrer des informations à distance plutôt qu'à transmettre des conversations [2] ». Personne n'imagine s'en servir pour travailler : « Objet de loisir pour une classe aisée, le téléphone est ainsi considéré comme un de ses apanages frivoles [3] ». Néanmoins, dès les premiers usages, ce qui frappe les esprits – et cela ne nous surprendra pas –, c'est précisément une innovation ontophanique : « Être entendu sans être vu, voilà une nouveauté excitante : source prolifique de quiproquos burlesques et libertins, la situation inspire largement les humoristes de l'époque [4]. »

1. Robert Vignola, *Allô ! La merveilleuse aventure du téléphone*, *op. cit.*

2. *Ibid.*, p. 22.

3. *Ibid.*, p. 24.

4. *Ibid.*

Que cela signifie-t-il en termes philosophiques ? Très précisément, que la phénoménalité même de la relation avec autrui (l'ontophanie d'autrui) est bouleversée par ce nouvel objet. Jamais dans l'Histoire il n'avait été possible d'entendre le son de la voix humaine sans avoir simultanément le visage d'un humain devant les yeux. Vertige ontophanique, révolution phénoménologique. Une telle expérience perceptive n'a tout simplement jamais été possible auparavant. Qu'autrui puisse se donner à moi dans une présence auditive concrète tout en demeurant dans une absence visuelle tout aussi concrète, voilà une radicale nouveauté pour mes sens et ma conscience, une nouveauté pour laquelle il n'existe aucune culture perceptive de référence. Cette nouvelle ontophanie d'autrui, inouïe (si l'on ose dire), est rendue possible par un simple objet technique, une boîte de bois électrifiée, un appareil. Nous reconnaissons là, à l'œuvre, le processus phénoménotechnique dans toute sa puissance, en tant que processus quasi démiurgique, c'est-à-dire qui donne le monde. Le téléphone est bien, lui aussi, une forme où se coule la perception, c'est-à-dire une structure techno-transcendantale.

Du point de vue philosophique, l'invention du téléphone doit donc être considérée comme l'une de ces nombreuses innovations ontophaniques qui accompagnent le développement d'un nouveau système technique – ici, le système technique mécanisé –, c'est-à-dire l'un de ces bouleversements de notre expérience-du-monde possible. En tant que telle, elle ne pouvait manquer de produire, à ses débuts, un choc socio-perceptif, une rupture phénoménologique dans la culture ontophanique. Le témoignage exceptionnel de Pauline de Broglie, comtesse de Pange et sœur du physicien Louis de Broglie, est à cet égard exemplaire. Dans un récit autobiographique intitulé *Comment j'ai vu 1900*, publié dans les années 1960, elle raconte ses souvenirs d'enfance et, entre autres de l'installation du téléphone dans l'hôtel particulier de ses parents, à Paris, vers 1896-1898, alors qu'elle est à peine âgée de dix ans. Ce qu'elle en rapporte traduit à merveille le bouleversement ontophanique provoqué par le téléphone dans l'expérience quotidienne de ses premiers usagers :

> L'appareil fut posé chez nous dans un salon de passage. Il était en bois de palissandre et fut cloué au mur. Il ressemblait assez par sa forme aux petites boîtes distributrices de papier hygiénique dans les w.c. Il y avait deux écouteurs pendus à des crochets de chaque côté, et, au centre, un bouton sur lequel on appuyait pour obtenir la communication avec le poste central. Et cela de plus en plus rageusement car la réponse était lente à venir. On parlait devant une petite planchette que ma mère essuyait soigneusement « pour enlever les miasmes », disait-elle, après chaque conversation. La sonnerie était déchirante et s'entendait dans toute la maison. Mais on ne courait pas au téléphone ! Un domestique était préposé à ce soin, décrochait l'écouteur, s'informait de ce qu'on

> désirait et allait chercher la personne demandée. J'entendais de ma chambre la sonnerie et l'étrange appel, de sonorité si exotique : Allô ! Allô ! que ma mère s'efforçait de prononcer à l'anglaise : Heuloh ! Heuloh ! Naturellement, il n'y avait pas d'annuaire puisqu'il n'y avait pas de numéros. La demande était directe et c'était de continuelles batailles avec les « Demoiselles du téléphone ». Après une demi-heure d'énervement et de discussion, ma mère en prenait des crises de nerfs et des migraines mais elle y revenait toujours, tandis que ma grand-mère ne voulait même pas approcher l'appareil. Elle avait horreur de cette manière de *se parler sans se voir*. J'ajouterai que, bien après 1900, jusqu'à ma vingtième année, il ne m'a pas été permis de décrocher moi-même l'écouteur ! Une jeune fille bien élevée ne répondait au téléphone que lorsqu'on se fût bien assuré de l'identité de la personne correspondante. Un jeune homme de bonne éducation ne se serait jamais permis d'appeler une jeune fille au téléphone sans passer par ses parents [1].

L'extrait est, à bien des égards, très précieux. Nous en retenons cette formule simple et spontanée, dont la justesse est remarquable : *se parler sans se voir*. Voilà énoncée, en cinq mots, ce en quoi consiste exactement, du point de vue perceptif, la nouvelle modalité ontophanique que le téléphone introduit dans les relations avec autrui – au grand dam, ici, de la grand-mère de Broglie. Mais, que l'on aime ou pas

1. Pauline de Broglie, comtesse de Pange, *Comment j'ai vu 1900*, Paris, Grasset, 1962 (souligné par nous).

cette manière-là d'être-à-autrui, voilà bien une nouvelle manière d'être-au-monde. Et cela va tout changer car, en devenant un enjeu industriel, le téléphone gagne rapidement le monde, pénètre les usages professionnels et modifie les pratiques sociales dans leur globalité. Aux États-Unis, où son développement est le plus rapide, Herbert N. Casson parle déjà, en 1910, de « téléphonisation de la vie » :

> Ce que nous devons appeler, par manque d'un terme plus simple, la téléphonisation de la vie urbaine, a remarquablement modifié notre manière de vivre par rapport à ce qu'elle était au temps d'Abraham Lincoln. Elle nous a permis d'être plus reliés les uns aux autres et plus coopératifs. Elle a littéralement aboli l'isolement des familles séparées, et a fait de nous les membres d'une seule et grande famille. Elle est si parfaitement devenue un organe du corps social qu'aujourd'hui, au moyen du téléphone, nous concluons des contrats, nous fournissons des preuves, faisons des procès, produisons des discours, proposons des mariages, attribuons des diplômes, appelons à voter, et faisons presque tout ce qui peut être objet de parole [1].

On serait tenté d'appliquer exactement ces mots aux bouleversements sociaux que nous vivons aujourd'hui à l'heure du numérique.

1. Herbert N. Casson, *The History of the Telephone*, Chicago, A. C. McClurg & Co., 1910, chapitre 6, « Notable Users of The Telephone », première phrase (en ligne : Electronic Text Center,

Ce qui circule à travers l'immense réseau câblé des lignes téléphoniques qui se met en place dans l'entre-deux-guerres, c'est rien moins que cette nouvelle culture ontophanique du « se parler sans se voir ». À mesure que les abonnés aux centraux téléphoniques sont plus nombreux, cette nouvelle culture est plus diffuse, jusqu'à se fondre progressivement dans l'ontophanie générale pour devenir, à son tour, banale et ordinaire. De nos jours, même si l'on peut avoir plus ou moins de plaisir à parler au téléphone, il n'existe plus guère de grand-mère de Broglie qui ne veuille pas approcher l'appareil. Vivre sans un appareil téléphonique semble même devenu impossible tant est présent aujourd'hui, comme le souligne Serge Tisseron, « ce bon vieux téléphone que nous avons si bien intégré dans nos vies qu'il nous paraît naturel de nous parler sans nous voir [1] ». Avec l'ancien système technique, c'est donc l'ancienne manière d'être au monde qui a disparu. La nouvelle ontophanie téléphonique a balayé la précédente, et plus personne n'y voit un problème. Être-au-monde téléphoniquement fait partie de la culture ontophanique dominante du XXe siècle. L'ontophanie téléphonique est devenue une culture « naturalisée ».

University of Virginia Library : http://etext.lib.virginia.edu/toc/modeng/public/CasTele.html).

1. Serge Tisseron, *Virtuel, mon amour. Penser, aimer, souffrir à l'ère des nouvelles technologies*, Paris, Albin Michel, 2008, Introduction.

Cent ans après, à l'heure où l'ordinateur et l'Internet s'imposent à leur tour dans l'ensemble du corps social, le même processus recommence. Et la même grand-mère de Broglie fuit écrans et interfaces et s'inquiète de leur influence. Pourtant, ce nouveau monde s'imposera et imposera une nouvelle révolution ontophanique. Après avoir appris à se parler sans se voir grâce au téléphone, on apprend aujourd'hui à se lier sans se parler et sans se voir, comme on le fait sur Twitter et sur Facebook, à l'heure des « liaisons numériques [1] ».

Chaque génération réapprend le monde et renégocie son rapport au réel à l'aide des dispositifs techniques dont elle dispose dans le contexte socioculturel qui est le sien. C'est pourquoi ce qu'on appelle la « fracture numérique générationnelle » n'est peut-être qu'une mauvaise interprétation phénoménologique. Si les personnes les plus âgées ont parfois du mal à adopter les nouvelles technologies (ce qui semble de moins en moins vrai), c'est parce que leur rapport à la réalité est tout simplement coulé dans une autre matrice ontophanique que celle du numérique. Et si les plus jeunes (ceux qu'on appelle les natifs du numérique ou *digital natives*) sont généralement plus à l'aise avec les interfaces (les « Petites Poucettes » de Michel Serres [2]), c'est tout simplement

1. Antonio A. Casilli, *Les Liaisons numériques : vers une nouvelle sociabilité ?*, Paris, Le Seuil, « La couleur des idées », 2010.

2. M. Serres, *Petite Poucette*, Paris, Le Pommier, 2012.

parce qu'ils ne possèdent pas encore de structures perceptives (ils sont phénoménotechniquement vierges) et que les dispositifs numériques ambiants sont pour eux le seul moyen d'en acquérir et, par conséquent, d'advenir au monde. Être natif du numérique, c'est être fait de la même coulée phénoménotechnique que les interfaces qui vous appareillent au réel. Être natif du numérique, c'est avoir acquis la faculté de voir apparaître le monde en étant numériquement appareillé. Être natif du numérique, c'est proprement être né par le numérique. Car venir au monde ne suffit pas à naître au monde. Seuls les objets techniques qui nous entourent nous permettent de naître au monde, au sens phénoménologique. Exister s'apprend aussi avec des objets – au sens restreint où « exister » signifie ici « être mis en présence du monde ». Être, c'est donc naître avec la technique. Être, c'est « technaître ».

Et il n'y a pas de fracture numérique générationnelle. Il n'y a que des matrices ontophaniques datées, qui se superposent et coexistent. Par là, on vérifie que la perception est la chose la moins naturelle du monde : à chaque époque, l'acte de percevoir s'apprend à l'aide des techniques existantes. C'est la raison pour laquelle les personnes les plus âgées sont le plus souvent nostalgiques à l'endroit des objets anciens ou que tout un chacun conserve, sa vie durant, certains objets d'enfance. Car les objets qui viennent d'une autre époque ont une inestimable valeur phénoménologique : ils portent l'empreinte d'un autre temps phénoménotechnique, un temps où le monde n'avait pas la même « aura », un temps où se sentir-au-monde n'avait pas tout à fait la même saveur ontophanique parce que la vigueur des perceptions d'alors, marquée par le plaisir des premières fois, était coulée dans la sensorialité d'objets techniquement datés mais dans lesquels se coulait le plaisir encore nouveau que nous prenions à être simplement présents au monde.

Chapitre 4

Vie et mort du virtuel

> « Qu'est-ce que le virtuel change dans l'acte même de "voir" ? »
>
> Philippe Quéau,
> *Le Virtuel : vertus et vertiges* [1]

Comme toutes les précédentes, la révolution numérique est une révolution ontophanique. De toutes celles qui se sont produites au cours de l'Histoire, elle est l'une des plus perçantes et des plus spectaculaires. Certes, les techniques ont toujours conditionné la phénoménalité du monde – c'est le sens de la phénoménotechnique générale défendue ici –, mais cela n'a jamais été aussi vrai qu'à l'époque des technologies numériques. Aucune technique n'avait à ce point transformé la manière dont les êtres et les choses nous apparaissent en tant que phénomènes. Depuis une trentaine d'années, le choc perceptif induit par le numérique est si grand qu'on peut parler sans exagérer d'un véritable traumatisme – au

1. Seyssel, Champ Vallon, « Milieux », 1993, p. 76.

sens neutre (et quasi clinique) du terme – phénoménologique survenu dans notre expérience-du-monde. Les interfaces en réseau du système technique numérique, celles de nos ordinateurs, de nos consoles, de nos smartphones, de nos tablettes et plus généralement de tous nos objets connectés sont les nouveaux appareils ontophaniques de notre époque, c'est-à-dire les nouveaux dispositifs phénoménotechniques à partir desquels le monde d'aujourd'hui nous apparaît. Ils se sont imposés en seulement quelques décennies et, comme les machines de l'ère mécanisée avant eux, ont profondément modifié notre manière d'être-au-monde, imposant une nouvelle « forme où se coule notre perception » et créant un nouvel environnement perceptif ou « monde propre » (*Umwelt*).

Cela a commencé avec l'apparition des micro-ordinateurs au milieu des années 1970, qui nous ont permis de nous « informatiser » ; cela s'est poursuivi avec les interfaces graphiques des années 1980, qui ont fait des écrans des « mondes d'images » ; cela s'est étendu avec la montée du « cyberespace » des années 1990, puis le triomphe du Web 2.0 et des terminaux mobiles des années 2000, qui nous ont fait entrer dans le « village planétaire » et l'ubiquité des usages numériques. Aujourd'hui, après plusieurs décennies d'apprentissage et d'immersion dans les interfaces numériques, on peut dire que nous avons changé de monde : non pas au sens sociologique des structures sociales (ce qui est néanmoins vrai), mais en un sens philosophique, dans la mesure où nous avons changé de structures perceptives (au sens des structures techno-transcendantales). Le monde contemporain du XXIe siècle est issu d'une coulée phénoménotechnique de type numérique. Désormais, nous ne sommes présents aux choses et aux êtres qu'en tant qu'ils nous apparaissent à travers des appareils numériques et autour d'eux. Comprendre cette ontophanie numérique inédite consiste alors, pour le philosophe de la technologie, à interroger la phénoménalité numérique elle-même. De quelle phénoménalité les phénomènes numériques sont-ils capables ? Comment les êtres numériques se manifestent-ils ? En quoi consiste leur être ?

Pour y répondre, il convient au préalable d'examiner l'hypothèse du virtuel et l'imaginaire métaphysique dont elle est porteuse. Par là, il faut entendre la tentative des premiers penseurs du « cyberespace » pour caractériser l'ontophanie numérique. Comment un vieux mot issu de la métaphysique médiévale tel que « virtuel », dont la longue tradition théorique le destinait à jeter plus de confusion que de lumière, en est venu à qualifier et résumer à lui seul la phénoménologie du nouveau monde – de l'information, des ordinateurs et de l'Internet –, voilà qui ne laisse pas de surprendre et mérite d'être déconstruit. Tel est le propos de ce chapitre [1], qui entend montrer que la

1. Une version abrégée de ce chapitre a été publiée dans le n° 37 de la revue internationale de communication *MEI : Médiation Et Information*, sous le titre « Contre le virtuel : une déconstruction ».

relation entre la technique et le réel n'a jamais été aussi brûlante qu'à l'heure des technologies numériques.

14 – Généalogie du virtuel : philosophie, optique, informatique, psychanalyse

On ne le répétera jamais assez, le terme « virtuel » n'est pas d'origine informatique. Il s'agit d'un mot de la langue philosophique, dont la longue histoire ne facilite pas toujours un usage rigoureux. Traduction du latin médiéval *virtualis*, le terme est employé pour la première fois au Moyen Âge pour traduire dans la philosophie scolastique le concept aristotélicien de « puissance » (*dunamis*), par opposition à « acte » (*energeia*). Chez Aristote, la puissance et l'acte sont deux modes d'existence : ou bien une chose existe « en acte », ou bien elle existe « en puissance ». Quand elle existe en acte, elle est effective et en train de se produire ; quand elle existe en puissance, elle est seulement à l'état potentiel, elle peut se produire ou se réaliser mais n'est pas actuellement accomplie. Dans sa *Métaphysique*, Aristote définit ces deux états de la manière suivante :

> La notion d'acte que nous proposons peut être élucidée par l'induction, à l'aide d'exemples particu-

> liers, sans qu'on doive chercher à tout définir, mais en se contentant d'apercevoir l'analogie : l'acte sera alors comme l'être qui bâtit est à l'être qui a la faculté de bâtir, l'être éveillé à l'être qui dort, l'être qui voit à celui qui a les yeux fermés mais possède la vue, ce qui a été séparé de la matière à la matière, ce qui est élaboré à ce qui n'est pas élaboré. Donnons le nom d'acte au premier membre de ces diverses relations, l'autre membre, c'est la puissance [1].

Si j'ai l'idée de sculpter dans le bois une statue du dieu Hermès, alors, tant que la statue n'est pas réalisée, « Hermès existe en puissance dans le bois » ; mais, dès le moment où je façonne la statue, alors Hermès existe en acte dans le bois. « L'acte est donc le fait pour une chose d'exister en réalité et non de la façon dont nous disons qu'elle existe en puissance [2]. » En ce sens, toutes nos facultés (voir, sentir, penser, etc.) sont des puissances dont la caractéristique essentielle est qu'elles peuvent à tout moment s'actualiser. Quand je ferme les yeux, la vue existe en moi en puissance (c'est-à-dire virtuellement), tandis que lorsque je les ouvre, elle existe en acte (c'est-à-dire actuellement). C'est cet état de puissance, ou de potentialité-prête-à-s'actualiser, que les philosophes du Moyen Âge ont traduit par *virtualis*, du latin *virtus*,

1. Aristote, *Métaphysique*, Paris, Vrin, 1991, livre 8, 6, 1048 a 35-b 5.

2. *Ibid.*, 1048 a 30. L'expression « en réalité » est ici un choix du traducteur qui pose problème.

« force, énergie, mérite, vertu ». Comme le souligne à juste titre Gilles-Gaston Granger, « on voit que la non-actualité telle que l'introduit Aristote n'est nullement l'opposé de la réalité, quoique ce soit l'acte qui en constitue la perfection et l'accomplissement en tous genres [1] ». Ainsi, « jusqu'au XVIIe siècle, le virtuel désigne ce qui est en puissance, par opposition à ce qui est en acte [2] », et ce bien au-delà de l'âge classique puisqu'en 1926 c'est encore cette définition que propose André Lalande : « est virtuel ce qui n'existe qu'en puissance et non en acte [3] ».

Dès lors, levons ce malentendu :

> La *virtus* n'est pas une illusion ou un fantasme, ou encore une simple éventualité, rejetée dans les limbes du possible. Elle est bien réelle et en acte. La *virtus* agit fondamentalement. […] Le virtuel n'est donc ni irréel ou potentiel : le virtuel est dans l'ordre du réel [4].

En effet, dans la signification philosophique qui a été la sienne pendant des siècles, le virtuel n'est pas autre chose qu'un régime ontologique, une manière particulière d'être réel qui consiste à exister sans se

1. G.-G. Granger, *Le Probable, le Possible et le Virtuel. Essai sur le rôle du non-actuel dans la pensée objective*, Paris, Odile Jacob, 1995, p. 13.

2. A. Bertrand, « Virtuel », in *Les Notions philosophiques. Encyclopédie philosophique universelle*, tome 2, Paris, Puf, 1990, p. 2745.

3. A. Lalande, *Vocabulaire technique et critique de la philosophie* (1926), article « Virtuel ».

4. P. Quéau, *Le Virtuel…*, *op. cit.*, p. 26.

manifester. Il n'y a donc absolument rien, dans le concept philosophique de virtuel, qui puisse autoriser de le confondre, comme si souvent, avec l'irréel. « À la différence du potentiel, qui est peut-être, dans le futur, le virtuel est présent, d'une manière réelle et actuelle, quoique cachée, souterraine, inévidente [1] ». Quand un enfant joue à cache-cache dans le jardin, sa présence ne devient pas irréelle : il se trouve réellement dans le jardin mais à l'état virtuel, c'est-à-dire non manifesté. De même dans une compétition sportive, lorsqu'un athlète qui fait course en tête n'a pas encore franchi la ligne d'arrivée, on dit de lui qu'il est, à cet instant précis, « médaille d'or virtuelle » : par là on signifie que sa domination bien réelle, parce qu'elle n'est pas encore accomplie, n'est pas encore pleinement manifestée ou phénoménalisée (et ne le sera peut-être pas).

Néanmoins, en parallèle à cet usage philosophique initial, s'est développé à l'époque moderne un usage scientifique du terme « virtuel » dans le domaine de l'optique, cette section de la physique qui traite de la lumière et de la vision. Assez méconnu du grand public, cet usage est pourtant à l'origine de la distinction arbitraire et erronée, dont nous souffrons tant aujourd'hui, entre virtuel et réel. De quoi s'agit-il ? Pour un physicien, une image est par définition une réalité impalpable, c'est-à-dire un signal détecté par l'œil. En ce sens, parler d'« image photo-

1. *Ibid.*, p. 27.

graphique » est un abus de langage parce qu'une photographie est un objet palpable et non une image (à moins de la considérer comme une image matérialisée). Dès lors, en optique, une image est soit une « image réelle », c'est-à-dire une image que l'on peut voir et recueillir sur un écran (par exemple, l'image d'un objet lumineux qui frappe notre rétine, l'image qui provient d'une diapositive projetée au mur ou même l'image télévisée), soit une « image virtuelle », c'est-à-dire une image obtenue par un appareil optique (loupe, jumelles) et perçue par l'œil, mais que l'on ne peut pas recueillir sur un écran car elle n'existe que dans l'appareil qui l'engendre [1].

Dans les deux cas, du point de vue ontologique, on a bien affaire à deux réalités sensibles puisque l'une comme l'autre sont perceptibles par l'œil. La seule différence réside dans le statut physique de l'image : l'une est l'image réelle d'un objet réel, l'autre est une image artificielle, comme celle engendrée par une loupe. Philosophiquement parlant, n'en déplaise au physicien, l'image virtuelle est bien réelle : ce qui la caractérise n'est pas une hypothétique absence de réalité mais seulement son artificialité, c'est-à-dire le fait qu'elle est à la fois techniquement produite par un appareil et inexistante en dehors de cet appareil qui la produit (au point où elle ne peut pas être recueillie sur un écran hors de l'appareil). À ce titre,

1. Source : Laboratoire Aimé Cotton (UPR 3321/CNRS, Université de Paris-Sud) (en ligne : http://www.lac.u-psud.fr/).

le virtuel de l'opticien n'est pas du même ordre que le virtuel du philosophe : là où le virtuel philosophique correspond à une manière d'exister sans manifestation, le virtuel optique désigne une manière tout à fait manifestée d'exister. Ce qu'il introduit de nouveau, et qui n'est pas présent dans le virtuel philosophique, c'est la notion de facticité appareillée ou de synthèse artificielle : les images virtuelles issues des instruments optiques sont des images techniquement synthétisées. C'est en ce sens, bien éloigné du sens philosophique initial et à vrai dire assez peu justifié du point de vue conceptuel, qu'elles sont dites virtuelles.

De là provient la troisième acception du terme, technique cette fois, qui s'est développée pendant la seconde moitié du XXe siècle dans le domaine de l'informatique, avec des expressions telles que « mémoire virtuelle », « machine virtuelle », « serveur virtuel » ou encore « réalité virtuelle ». Dans la perspective de l'ordinateur, on appelle « virtuel » n'importe quel processus capable, grâce à des techniques de programmation, de simuler un comportement numérique indépendamment du support physique dont (paradoxalement) il dépend. Ainsi parle-t-on de mémoire virtuelle pour un « espace d'adressage théorique non limité aux dimensions physiques des dispositifs de stockage[1] » ou de

1. Pierre Morvan (dir.), « Mémoire virtuelle », *Dictionnaire de l'informatique*, Paris, Larousse, 1996, p. 158.

machine virtuelle pour un « ordinateur qui apparaît, pour son utilisateur, différent de la machine réelle employée [1] ».

Par exemple, grâce au logiciel Virtual Box, machine virtuelle sous licence libre bien connue des professionnels du Web, on peut facilement simuler (on dit alors « émuler [2] ») le système d'exploitation Windows à l'intérieur du système Mac OS X, comme si on lançait simplement un programme parmi d'autres. Et comme tout peut être réduit aujourd'hui à un processus numérique, soit de l'information calculable, tout peut être simulé numériquement. Dans ce cas, le virtuel informatique n'est pas autre chose qu'une espèce d'artificiel, au sens où une mémoire virtuelle est une mémoire artificiellement synthétisée et où une machine virtuelle est un programme artificiellement reproduit. L'artifice, ici, repose non pas comme en optique sur des techniques de rayonnement lumineux, mais sur des techniques de programmation informatique, c'est-à-dire sur des algorithmes et des langages. Au pays du code, le programmeur est roi : tel un démiurge, il peut tout simuler, synthétiser, recréer. Il peut même fabriquer, lui aussi, des images virtuelles, images qui n'existent pas en dehors de l'appareillage informatique où elles viennent au monde.

1. *Ibid.*, p. 149.

2. *Ibid.*, p. 88. L'émulation est une « technique consistant à simuler efficacement le fonctionnement d'un ordinateur sur un autre, généralement plus puissant […]. L'émulation se différen-

Le virtuel informatique, c'est donc le *simulationnel*, au sens technique du terme, c'est-à-dire en tant que résultat d'une manipulation programmable de l'information. Il ne faut pas le confondre avec le simulacre, qui nous ramènerait dans la caverne platonicienne des mensonges et des mirages, réduisant la technicité objective du virtuel à une métaphysique fantasmée de l'illusion. Le simulationnel, au contraire, est entièrement réel : on en relève des applications concrètes dans l'efficacité opérationnelle du simulateur de vol, la précision scientifique du logiciel de conception assistée par ordinateur, le réalisme incroyable du jeu vidéo. Le plus souvent ignorée, en particulier par tous ceux qui aiment la confondre avec quelque métaphysique de l'irréel, cette acception strictement technique du terme « virtuel » est la seule qui soit objectivement recevable, et par conséquent la seule que nous retiendrons.

Néanmoins, pour achever pleinement cette généalogie, il faut y ajouter une quatrième et dernière acception du terme « virtuel »: celle qui s'est imposée dans la psychanalyse française depuis une dizaine d'années. On la doit en grande partie à l'influence de la pensée de Serge Tisseron, pionnier de l'approche psychologique du numérique et coauteur d'un récent Avis de l'Académie des sciences intitulé *L'Enfant et*

cie de la simulation, qui n'implique pas les mêmes impératifs de performance ».

les Écrans[1]. Pour Tisseron, le virtuel est une dimension de la vie psychique qui se distingue de celle de l'imaginaire. Il ne s'agit ni d'un régime ontologique au sens des philosophes ni d'un processus physique ou technique au sens des informaticiens, bien qu'il soit plus proche des premiers que des seconds :

> Il existe chez l'être humain du virtuel psychique, qui n'est pas l'imaginaire. Celui-ci renvoie à un objet qui n'existe pas, alors que le virtuel concerne l'ensemble de nos attentes et de nos représentations préexistantes à une rencontre réelle[2].

Ou encore :

> L'imaginaire se développe parallèlement au monde réel et ne prétend pas le rencontrer. Au contraire, le virtuel y prépare et il est destiné à s'y actualiser[3].

Au sein de la vie psychique, l'imaginaire appartient donc à la fiction, tandis que le virtuel appartient au réel des possibles. Dans cette perspective, le virtuel désigne la part de notre monde imaginaire qui peut être amenée à s'actualiser dans le monde réel : par exemple, lorsque je me représente quelqu'un côtoyé sur Facebook mais que je n'ai jamais rencon-

1. Jean-François Bach, Olivier Houdé, Pierre Léna et Serge Tisseron, *L'Enfant et les Écrans. Un avis de l'Académie des sciences*, Paris, Le Pommier, 2013.

2. *Ibid.*, version PDF, § 5.1, p. 19.

3. *Ibid.*, § 5.1.2, p. 20.

tré dans la réalité hors ligne, je suis en train de produire de cette personne une représentation mêlée d'imaginaire (car je lui associe des désirs et des fantasmes, des inquiétudes ou des angoisses) mais qui ne relève pas pour autant de la fiction (car cette personne est bel et bien réelle, ce que je vérifie par mes interactions en ligne avec elle ou par nos « amis » communs sur le réseau). Ce type de représentation relève alors selon Tisseron du virtuel psychique, ce monde interne de représentations fantasmatiques que nous attachons à un être réel et qui, lorsqu'une rencontre avec cet être réel se produit dans la réalité concrète, doit être psychiquement retravaillé afin de tenir compte de cette réalité. En d'autres termes, le virtuel psychique est une anticipation imaginaire de la réalité (éventuellement étayée par des dispositifs numériques) appelée à se remodeler au contact de cette réalité. D'où ce que nous avons appelé de notre côté le « malentendu du virtuel [1] », d'après lequel ce que nous imaginons dans les mondes en ligne n'est jamais conforme à ce que nous expérimentons dans la réalité hors ligne. Il y a toujours un décalage, qui résulte de la confrontation entre ce que nous anticipons de manière imaginaire et ce que nous éprouvons ensuite de manière réelle. C'est précisément ce décalage, cet interstice, cet intervalle, que Serge Tis-

1. S. Vial, « Il était une fois "pp7", ou la naissance d'un groupe sur l'Internet : retour sur la socialisation en ligne d'une communauté étudiante », *Réseaux*, n° 164, 2010/6, p. 65.

seron nomme « virtuel psychique ». Nous pourrions aussi bien l'appeler « espace du fantasme » ou « monde fantasmatique », pris en un sens très large qui enveloppe tout ce que nous pouvons imaginer, fantasmer, rêver, consciemment ou non, et qui, de ce fait, ne se trouve pas actuellement présent mais, en le nommant « virtuel », Tisseron distingue à juste titre sa potentialité ou capacité à s'actualiser, que n'a pas l'imaginaire. Dès lors, on comprend que le virtuel ainsi défini n'a rien à voir avec le virtuel au sens technique. Il faut le déplorer, car c'est bien le sens technique du terme qui, à rebours du sens philosophique, s'est imposé depuis vingt ans dans l'usage courant, sous une forme simplifiée aberrante et erronée, source de nombreux malentendus, que l'on trouve résumée dans la version française de l'article « Virtuel » de l'encyclopédie Wikipedia [1]. Le problème, c'est que Serge Tisseron emploie le terme « virtuel » tantôt au sens psychique (qui lui est propre), tantôt au sens technique simplifié (qui confond virtuel et numérique), rarement ou jamais au sens technique exact (la simulation informatique), au point que, bien souvent, on ne sait plus de quoi on parle. C'est sans doute la prise en compte de

1. D'après Wikipédia, le terme virtuel sert à « désigner ce qui se passe dans un ordinateur ou sur Internet, c'est-à-dire dans un "monde numérique" par opposition au "monde physique" », *in* Wikipedia, « Virtuel », premières lignes, version du 12 mars 2013 à 15 h 54 (en ligne : http://fr.wikipedia.org/wiki/Virtuel).

cette ambiguïté qui a conduit cet auteur, dans un ouvrage récent, à introduire une distinction improbable entre « virtuel psychique » et « virtuel numérique [1] ». Malgré la tentative de clarification que représente cette distinction, le problème reste que, si l'on peut admettre la notion psychanalytique de « virtuel psychique », il n'est ni rigoureux ni recevable d'introduire la notion obscure de « virtuel numérique ». Du point de vue de la réalité technique, il n'y a que du numérique (au sens de la discrétisation en 0 et 1 [2]) ou bien du virtuel (au sens de la simulation [3]), mais pas de « virtuel numérique ». Une telle notion ajoute de la confusion à la confusion et se présente comme un pléonasme obscur qui survalorise la dimension de la virtualité au sein du phénomène numérique.

1. S. Tisseron, *Rêver, fantasmer, virtualiser. Du virtuel psychique au virtuel numérique*, Paris, Dunod, 2012.

2. Voir Bruno Bachimont, « L'archive numérique : entre authenticité et interprétabilité », *Archives*, volume 32, numéro 1, 2000-2001, p. 10.

3. Franck Varenne et Marc Silberstein (dir.), *Modéliser et simuler : épistémologies et pratiques de la modélisation et de la simulation*, Paris, Éditions Matériologiques, 2013.

15 – De la néométaphysique de l'image à la vulgate du réel et du virtuel

L'invention des interfaces graphiques est sans doute l'événement le plus important de l'histoire de la micro-informatique. Par interface graphique (en anglais *GUI*, pour Graphical User Interface), on entend un dispositif d'interaction homme-machine qui affiche sur un écran des éléments imagés pouvant être manipulés à l'aide d'un dispositif de pointage comme une souris ou un système tactile. Fondées sur la célèbre image du Bureau (Desktop) imaginée par Tim Mott, les interfaces graphiques ont été créées dans les années 1970 par des chercheurs du Xerox PARC pour rendre les ordinateurs plus faciles à utiliser. Ne voulant jamais perdre de vue « l'utilisateur réel », ils ont pour cela forgé de toutes pièces un modèle théorique de l'usager à travers la figure de Sally la secrétaire : assise à un bureau, Sally utilise le papier et tape à la machine [1].

Pensé comme un « poste de travail », le micro-ordinateur est alors devenu le nouveau moule dans lequel se sont coulées nos pratiques : en quelques décennies, nous sommes tous devenus Sally, assis

1. Nicolas Nova, « Famous User Figures in the History of HCI », 18 février 2010 (en ligne : http://nearfuturelaboratory.com/pasta-and-vinegar/2010/02/18/famous-user-figures-in-the-history-of-hci/).

devant un écran, tapant sur un clavier et imprimant toujours plus de papier. Mais, grâce aux interfaces graphiques, nous sommes surtout devenus capables d'utiliser un ordinateur sans avoir besoin d'être informaticiens, ce qui nous a permis de dépasser « la dimension apollinienne de l'informatique [1] », celle de la brutale « relation homme-machine » qui nous soumet à l'ordre et à la complexité de l'automate, pour accéder à cette « image dionysiaque, ludique, conviviale, libre » qui induit plutôt une « relation sujet-outil » dans laquelle nous retrouvons l'indépendance d'un partenaire créatif de la machine [2]. Certains grands noms de l'industrie informatique, comme Apple, en ont fait une marque de fabrique bien connue.

Or, si les interfaces graphiques sont plus conviviales et plus dionysiaques, c'est précisément parce qu'elles sont visuelles et forment des images. Telle est l'image du Bureau (le pupitre sur lequel Sally travaille) et celle des Fenêtres (les papiers que Sally pose et superpose sur son pupitre), mais aussi l'icône du Dossier (la chemise dans laquelle Sally range ses papiers), celle de la Corbeille (la poubelle à papier) ou encore cette image de Bibliothèque en bois qu'on trouve dans l'application iBooks sur iPhone ou iPad (la librairie personnelle qu'on emporte avec soi à

1. B. Darras, « Machines, complexité et ambition », in *Dessine-moi un pixel…*, *op. cit.*, p. 107.

2. *Ibid.*, p. 107.

l'heure où, via nos smartphones et nos tablettes, nous sortons du modèle du « poste de travail »). Du point de vue esthétique, on pourrait sûrement formuler des critiques quant à l'élégance de certaines de ces images (l'étagère en bois de l'application iBooks, malgré ses qualités évidentes en termes d'affordance, ne plaît guère aux designers), mais il ne faut jamais oublier le talent graphique qu'elles peuvent aussi renfermer (par exemple les icônes aujourd'hui cultes dessinées par Susan Kare en 1983 pour le Macintosh [1]).

Les images que font naître les interfaces graphiques sont révolutionnaires : d'un écran noir avec lequel on ne pouvait interagir qu'en saisissant des lignes de code réservées aux experts et autres « cinglés d'informatique [2] », elles nous conduisent à un environnement visuel imagé (« *pictures rather than text commands* », disaient les chercheurs du PARC) que tout le monde peut manipuler grâce à des fenêtres, des icônes, des menus et un système de pointage [3]. Autrement dit, les interfaces graphiques transforment l'invention de John von Neumann, ce monstre de calcul informationnel qu'est l'ordinateur, en un

1. S. Kare, User Interface Graphics (en ligne http://kare.com).

2. Robert X. Cringely, *The Triumph of the Nerds…*, *op. cit.*

3. C'est le principe de l'interface WIMP (Windows, Icons, Menus, Pointing Device), inventée par Xerox dans les années 1970, améliorée et commercialisée par Apple dans les années 1980 et imposée à tous par Microsoft dans les années 1990.

monde anthropomorphe d'images à manipuler. Elles nous font passer, comme le souligne Sherry Turkle, d'une « culture du calcul » à une « culture de la simulation [1] », c'est-à-dire d'une culture de la programmation à une culture du « virtuel » :

> Les cours d'informatique aujourd'hui ont peu de choses à voir avec le calcul et les algorithmes ; ils concernent plutôt la simulation, la navigation et l'interaction. [...] Bien sûr, il y a toujours du « calcul » qui opère à l'intérieur de l'ordinateur, mais cela ne correspond plus au niveau le plus important ou le plus intéressant avec lequel on réfléchit ou on agit. Il y a quinze ans, la plupart des utilisateurs de l'informatique étaient réduits à taper des commandes. Aujourd'hui, ils utilisent des produits prêts à l'emploi pour manipuler des bureaux simulés, dessiner avec des pinceaux et des brosses simulées, et voler dans des cockpits d'avion simulés [2].

Tel est notre quotidien à l'heure des micro-ordinateurs : nous classons des dossiers virtuels, nous tournons des pages virtuelles, nous dessinons avec des pinceaux virtuels, nous rangeons nos livres numériques sur des étagères en bois virtuelles, et ainsi de suite. À chaque fois, virtuel signifie « informatiquement simulé ». Il est donc tout aussi exact de dire : nous classons des dossiers informatiquement simulés, nous tournons des pages informatiquement

1. S. Turkle, *Life on the Screen...*, *op. cit.*, p. 19.
2. *Ibid.*

simulées, nous dessinons avec des pinceaux informatiquement simulés, nous rangeons nos livres numériques sur des étagères en bois informatiquement simulées, et ainsi de suite. Par conséquent, les nouvelles images qui naissent des interfaces graphiques dans les années 1980, ces images de synthèse qui simulent toutes sortes de réalités (existantes ou inexistantes), sont bel et bien des images virtuelles, c'est-à-dire, au sens informatique du terme, des images simulationnelles.

C'est ce qui va conduire les premiers penseurs du numérique à s'engouffrer dans la notion de virtuel et, en tentant de fusionner l'acception informatique du terme (simulationnel) avec son acception philosophique ancienne (potentiel), à lui donner une seconde vie philosophique, sous la forme d'une métaphysique de l'image pleine de confusion et de malentendus. Le premier à aller dans cette voie, quoique avec une subtilité théorique qui l'honore et dont n'ont pas cru bon de tenir compte tous ceux qui ont donné une suite grossière à ses idées, c'est Philippe Quéau. Polytechnicien et ingénieur, Philippe Quéau est nourri de nombreuses références philosophiques. Ses essais, publiés par Jean-Claude Beaune dans la collection « Milieux » des Éditions Champ Vallon, conjuguent avec talent la spéculation philosophique et l'exactitude scientifique. En 1986, deux ans après la sortie du Macintosh, alors que Quéau est directeur de recherche à l'INA, paraît *Éloge de la simu-*

lation, qui traite de la « synthèse des images [1] » et contient déjà tous les thèmes majeurs de l'auteur. Mais c'est surtout avec *Le Virtuel : vertus et vertiges* [2], en 1993, que ses idées prennent toute leur ampleur. Dans ce livre pionnier, Quéau tente d'analyser la portée philosophique de ce qu'il présente lui-même comme « l'un des développements les plus récents et les plus prometteurs de l'infographie [3] », à savoir la technologie des « images de synthèse » ou « images virtuelles ». À l'époque où il écrit ces lignes, les images virtuelles ne sont déjà plus ce qu'elles étaient au temps des premières interfaces graphiques du début des années 1980. Intégrant une « vision stéréoscopique totale » (vision en relief), obtenue à l'aide d'« un casque de visualisation équipé de deux écrans miniatures à cristaux liquides, placés devant chacun des deux yeux [4] », elles sont devenues de véritables environnements visuels immersifs. Par là, il faut entendre des espaces artificiels informatiquement synthétisés dans lesquels il est possible pour un humain de s'instancier ou s'incarner :

> Nous tournions autour des images, maintenant nous allons tourner dans les images. [...] Les images virtuelles ne sont jamais seulement des images, juste

1. P. Quéau, *Éloge de la simulation. De la vie des langages à la synthèse des images*, Seyssel, Champ Vallon, « Milieux », 1986.
2. Philippe Quéau, *Le Virtuel...*, *op. cit.*
3. *Ibid.*, p. 13.
4. *Ibid.*, p. 14.

des images, elles possèdent des dessous, des derrières, des en-deçà et des au-delà, elles forment des mondes [1].

Ces mondes d'images interactifs, entièrement simulés informatiquement, Philippe Quéau les appelle à juste titre des « mondes virtuels » et en donne la définition suivante :

> Un monde virtuel est une base de données graphiques interactives, explorable et visualisable en temps réel sous forme d'images de synthèse tridimensionnelles de façon à donner le sentiment d'une immersion dans l'image. Dans ses formes les plus complexes, l'environnement virtuel est un véritable « espace de synthèse », dans lequel on peut avoir le sentiment de se déplacer « physiquement [2] ».

Autrement dit, conformément à l'acception informatique du terme, le virtuel selon Quéau n'est rien d'autre que l'ensemble des « images de synthèse tridimensionnelles informatiquement simulées » en tant qu'elles forment des mondes navigables, c'est-à-dire des espaces que l'on peut parcourir et pour ainsi dire habiter : « les techniques du virtuel convoquent le corps du spectateur-acteur au sein de l'espace simulé [3] ». Au-delà du simulateur de vol, on en trouve aujourd'hui des exemples bien connus à tra-

1. *Ibid.*, p. 9.
2. *Ibid.*, p. 13-14.
3. *Ibid.*, p. 16.

vers des univers réalistes à usage scientifique comme Google Earth, un logiciel qui permet de visualiser et survoler la Terre tout en « zoomant » sur le lieu de son choix, ou des univers fictifs et ludiques comme Second Life, un monde virtuel sur le Web dans lequel les utilisateurs, incarnant des personnages virtuels, peuvent entrer en relation, avoir une vie sociale et créer eux-mêmes l'univers dans lequel ils veulent vivre [1].

Cette « révolution radicale du statut de l'image dans notre civilisation [2] », comparable selon Philippe Quéau à celle de l'imprimerie ou de la photographie, constitue une chance extraordinaire non seulement pour l'exploration scientifique, mais également pour la création artistique. C'est ce qui le conduit très tôt à défendre les potentialités de l'art numérique qu'il définit, à l'image des mondes virtuels, comme un art « intermédiaire [3] ». À travers ce mot, à prendre en pleine considération, c'est toute une métaphysique ancienne – venue de Platon – qui refait surface et permet à Quéau de situer les mondes virtuels à un niveau ontologique bien particulier, qui n'est pas sans poser problème. Chez Platon, en effet, les « réalités intermédiaires » sont, sur l'échelle des êtres, des réali-

1. Second Life (en ligne : http://secondlife.com). Sur la page d'accueil, on peut lire le slogan : « *Your World, Your Imagination.* »

2. P. Quéau, « La pensée virtuelle », *Réseaux*, n° 61, sept.-oct. 1993, p. 69.

3. P. Quéau, *Metaxu : théorie de l'art intermédiaire*, Seyssel, Champ Vallon / INA, 1989.

tés situées à mi-chemin entre les choses sensibles du monde matériel et les formes intelligibles du monde des Idées : il s'agit des nombres et des idéalités mathématiques. Heureux hasard théorique ! Il ne reste plus à Philippe Quéau qu'à assimiler les phénomènes virtuels, qui ne sont rien d'autre que de l'information calculée, c'est-à-dire du Nombre, à des réalités intermédiaires platoniciennes :

> Les images tridimensionnelles « virtuelles » ne sont pas les représentations analogiques d'une réalité déjà existante, ce sont des simulations numériques de réalités nouvelles. Ces simulations sont purement symboliques, et ne peuvent pas être considérées comme des phénomènes représentant une véritable réalité, mais plutôt comme des fenêtres artificielles nous donnant accès à un monde intermédiaire, au sens de Platon, à un univers d'êtres de raison, au sens d'Aristote [1].

Par symboliques, Philippe Quéau veut dire que ces simulations relèvent de symboles logico-mathématiques, c'est-à-dire de langages. La thèse platonicienne est claire : les images virtuelles ne sont pas « une véritable réalité », elles appartiennent à un « monde intermédiaire ». Elles sont en quelque sorte des réalités flottantes, situées entre le monde matériel et le monde immatériel. Le raisonnement néométaphysique produit ici tout son effet. Mais, osons le demander, d'où vient qu'il nous faudrait subir de la

1. P. Quéau, *Le Virtuel...*, *op. cit.*, p. 18.

sorte, fût-elle d'autorité, la partition ontologique du monde issue du schéma de la Ligne du livre VI de la *République* de Platon et de sa célèbre allégorie de la Caverne du livre VII ?

Les mondes intermédiaires n'existent pas, ils ne sont qu'un fantasme de métaphysicien. On ne peut rien bâtir sur eux de sérieux pour tenter de comprendre philosophiquement le phénomène numérique, même réduit à un phénomène virtuel. Comprendre philosophiquement le phénomène numérique, ce n'est pas chercher, dans l'histoire de la philosophie, des concepts métaphysiques qui s'y apparentent, mais tenter de formuler la philosophie qu'il renferme en tant que phénomène du monde, tout comme les appareils du physicien renferment selon Bachelard des théories philosophiques.

Cette néométaphysique de l'image conduit son auteur, malgré tous ses efforts pour l'éviter, à séparer les phénomènes virtuels des phénomènes réels :

> Les représentations symboliques ont plus de portée cognitive tangible que les réalités qu'elles sont censées représenter. Elles ont une vie propre, qui s'augmente d'elle-même, par hybridation, confrontation, retour récurrent [1].

Si les images virtuelles ont « une vie propre », alors elles forment un monde ontologiquement séparé et possèdent, à la manière des formes intelli-

1. *Ibid.*, p. 45.

gibles de Platon, une espèce distincte de réalité : « Le virtuel devient un monde propre, à côté du monde réel [1]. »

Philippe Quéau ne pouvait pas être plus clair. Par cette brève affirmation, il formule sans ambiguïté l'axiome de la néométaphysique du virtuel qui voit le jour dans les années 1990, et qui fera tant de ravages. Il s'agit de la croyance platonicienne, si vive dans la culture occidentale, en l'existence d'un monde séparé du monde visible, qui s'incarnerait, à l'âge informatique, dans les mondes virtuels. Certes, le propos de Philippe Quéau est, à maintes reprises, plus subtil :

> Il deviendra de plus en plus difficile de distinguer ce qui est vraiment réel et ce qui est virtuel, car le virtuel a vocation à s'hybrider au réel, à constituer une sorte de complexe réel-virtuel, une nouvelle réalité composite. Le virtuel n'est pas en dehors du réel mais lié au réel, pour rendre possible ce qui est en puissance dans le réel, et le faire advenir. Le virtuel permet d'accoucher du réel [2].

Mais le mal est fait. Lorsqu'on réveille l'imaginaire platonicien qui sommeille dans l'homme occidental, cet imaginaire de l'arrière-monde dont Nietzsche a montré que le christianisme n'avait été qu'une nouvelle itération, il est très difficile de revenir en arrière. Le poison de la croyance est si fort qu'il est capable, comme l'enseignait Bachelard, de

1. P. Quéau, « La pensée virtuelle », art. cit., p. 71.
2. *Ibid.*, p. 72.

s'introduire jusque dans l'intimité de l'esprit scientifique.

Désormais, sous l'effet de la nouvelle métaphysique de l'image, le phénomène numérique sera réduit au phénomène virtuel et le phénomène virtuel sera considéré comme une « néo-réalité [1] » située en dehors du réel. Tant pis pour les nuances. À rebours de toute rigueur scientifique, et malgré les avertissements avisés de Pierre Lévy [2], le « virtuel » dorénavant devra s'opposer au « réel ». Et tout ce qui provient des mondes virtuels sera considéré comme illusion et chimère, mirage et tromperie. Telle est la vulgate du réel et du virtuel, cet imaginaire métaphysique qui s'installe dans les esprits à partir des années 1990, agitant médias (et parfois chercheurs) au détriment d'une pensée objective.

16 – Fin de la rêverie : « voir les choses sous l'angle des interfaces »

S'il est vrai que les ordinateurs produisent des mondes virtuels, tous n'ont pas le même degré de virtualité. L'environnement de bureau d'un système

1. *Ibid.*, p. 71.
2. Pierre Lévy, *Qu'est-ce que le virtuel ?* (1995), Paris, La Découverte, 1998.

d'exploitation, l'environnement paginé d'un traitement de texte, l'environnement tactile d'une application mobile, l'environnement immersif d'un univers virtuel (comme Second Life) ou l'environnement persistant d'un jeu de rôle en ligne (comme World of Warcraft) peuvent tous être considérés comme des environnements virtuels mais, au sens strict, seuls les deux derniers sont à proprement parler des mondes virtuels, c'est-à-dire des univers simulés dans lesquels l'utilisateur peut lui-même s'instancier comme être virtuel (par exemple sous la forme d'un personnage). Pour les autres, il convient de parler seulement d'environnements virtuels interactifs.

Dans la mesure où les appareils numériques sont tous dotés d'interfaces graphiques, nous sommes tous confrontés depuis une trentaine d'années à un minimum de virtualité (c'est-à-dire de simulation), certains y étant exposés plus que d'autres. La virtualité fait partie intégrante de l'ontophanie du monde contemporain conditionnée par les appareils numériques. S'ensuit-il que nous vivons depuis trente ans dans un monde d'irréalité, comme le veut la vulgate du réel et du virtuel ? Ceux qui le croient sont de toute évidence les victimes d'un fantasme qui agit sur eux comme un obstacle épistémologique. Piégés par la métaphysique platonicienne de l'image, ils sont prisonniers « des impressions primitives, des adhésions sympathiques, des rêveries nonchalantes [1] » dont le

1. G. Bachelard, *Psychanalyse du feu* (1938), Paris, Gallimard, « Folio », 1994, p. 14.

véritable esprit scientifique, soucieux de ne jamais abandonner l'effort d'une « psychanalyse de la connaissance objective », doit se détourner. Plus que tout autre, le virtuel est cet objet dont il faut se méfier et pour lequel les mots de Bachelard, une fois de plus, sonnent si justes :

> Parfois nous nous émerveillons devant un objet élu ; nous accumulons les hypothèses et les rêveries ; nous formons ainsi des convictions qui ont l'apparence d'un savoir. Mais la source initiale est impure : l'évidence première n'est pas une vérité fondamentale. En fait, l'objectivité scientifique n'est possible que si l'on a d'abord rompu avec l'objet immédiat, si l'on a refusé la séduction du premier choix, si l'on a arrêté et contredit les pensées qui naissent de la première observation [1].

Pour comprendre le phénomène numérique, il faut rompre avec la première observation. Ce qui vaut chez Bachelard pour l'idolâtrie du feu vaut ici pour l'idolâtrie du virtuel. Le virtuel comme (pseudo-) objet scientifique s'est construit dans cette « zone objective impure, où se mêlent les intuitions personnelles et les expériences scientifiques [2] », conduisant « l'âme naïve » qui sommeille en chacun à trop souvent triompher sur la rigueur scientifique. Car « le savant lui-même, quand il quitte son métier,

1. *Ibid.*, p. 11.
2. *Ibid.*, p. 13.

retourne aux valorisations primitives [1] ». Rattrapé par les croyances archaïques, celles des arrière-mondes platoniciens, le chercheur lui-même donne parfois dans la vulgate du réel et du virtuel. Aussi ne faut-il pas s'étonner si, malgré l'obstination de certains auteurs éclairés à la dénoncer [2], on continue aujourd'hui, dans la recherche en sciences humaines et sociales, à utiliser la rhétorique du réel et du virtuel comme si elle avait une valeur d'objectivité. Car, dit encore Bachelard, « la rêverie reprend sans cesse les thèmes primitifs, travaille sans cesse comme une âme primitive, en dépit des succès de la pensée élaborée [3] ». La rêverie du virtuel, ancrée dans la métaphysique néoplatonicienne de l'image, est à la fois la plus puissante et la plus aberrante de ces vingt dernières années. Elle nous trompe en flattant nos penchants métaphysiques et nous détourne de l'objectivité. La détruire pour espérer connaître le phénomène numérique est aujourd'hui facilité par vingt années d'accoutumance quotidienne aux interfaces.

En effet, si le contact avec des réalités informatiquement simulées pouvait revêtir à l'époque de Philippe Quéau un caractère surréel, il ne le présente plus du tout aujourd'hui. Tout comme nous nous

1. *Ibid.*, p. 15.

2. Par exemple Pierre Lévy, *Qu'est-ce que le virtuel ?*, *op. cit.*, ou Alain Milon, *La Réalité virtuelle : avec ou sans le corps ?*, préface de Michela Marzano, Paris, Autrement, 2005.

3. G. Bachelard, *Psychanalyse du feu*, *op. cit.*, p. 15-16.

étions accoutumés au début du XXe siècle à l'ontophanie téléphonique du « se parler sans se voir », nous nous sommes désormais habitués à l'ontophanie numérique : nous avons appris à vivre avec les réalités informatiquement simulées et à les considérer comme des choses parmi les choses. Qu'elles soient graphiques, comme les icônes, les boutons, les avatars ; dynamiques, comme les actions de type copier-coller, annuler-refaire, envoyer-télécharger ; ou narratives, comme les personnages d'un jeu vidéo et les paysages immersifs, les réalités virtuelles ont fini par devenir, elles aussi, choses banales et ordinaires.

Dans la « culture de la simulation » qui est la nôtre, souligne Sherry Turkle, nous sommes « de plus en plus à l'aise avec le fait de substituer des représentations de la réalité à la réalité [1] », c'est-à-dire avec le fait de considérer des réalités simulationnelles comme des réalités tout court :

> Nous utilisons un « bureau » Macintosh comme si nous en utilisions un sur quatre pieds. Nous rejoignons des communautés virtuelles qui existent uniquement pour des gens connectés sur des réseaux informatiques comme si nous y étions présents physiquement. Nous en venons à remettre en question les distinctions évidentes entre réel et artificiel. En quel sens devrions-nous considérer qu'un écran d'ordinateur est moins réel que n'importe quel autre ? L'écran d'ordinateur que je suis en train d'utiliser contient un

1. S. Turkle, *Life on the Screen…*, *op. cit.*, p. 23.

> dossier nommé « Vie professionnelle ». Il contient mon courrier professionnel, mon agenda, mon répertoire téléphonique. Un autre dossier, intitulé « Cours », contient des programmes de cours, des lectures obligatoires, des listes de classes, des notes de cours. Un troisième, « Travail en cours », contient mes notes de recherche et les brouillons de ce livre. Je n'ai pas le sentiment de perdre le sens du réel dans ma relation avec l'un ou l'autre de ces objets. La culture de la simulation m'encourage à prendre ce que je vois sur l'écran sous l'angle de l'interface. Dans la culture de la simulation, si cela marche pour vous, cela a toute la réalité nécessaire [1].

« Prendre ce que je vois sur l'écran sous l'angle de l'interface » : voilà une expression d'une grande profondeur philosophique, bien difficile à restituer en français, tant le jeu de mots intraduisible du texte original est subtil. Les termes exacts de l'auteur sont : « *to take what I see on the screen "at (inter)face value"* ». Dans la langue anglaise, l'expression « *to take something at face value* » signifie : « considérer qu'une chose est exactement comme elle apparaît » ou « la manière dont une chose apparaît est réellement ce qu'elle est ». Selon le contexte, on peut la traduire par des expressions comme « à première vue, au premier abord, au premier degré » ou « prendre à la lettre, au sérieux ». Exemple d'usage : « *I don't know whether I can take her story at face value, but I will assume that she is*

1. *Ibid.*, p. 23-24 (traduit et souligné par nous).

not lying » (« Je ne sais pas si je peux prendre son histoire au sérieux, mais je vais supposer qu'elle ne ment pas »). Classique en anglais, l'expression provient à l'origine de l'idée que la valeur (*value*) d'une pièce de monnaie est exactement égale au montant affiché par le nombre frappé sur sa face (*face*). Prendre les choses *at face value* signifie « prendre pour argent comptant », au sens neutre de « prendre ce qui est affiché pour la réalité ».

Aussi, lorsque Sherry Turkle écrit : « *We have learned to take things at interface value*[1] », elle énonce une proposition d'une grande complexité philosophique. On peut la traduire de la manière suivante : nous avons appris à voir les choses sous l'angle des interfaces, c'est-à-dire à considérer comme des choses les choses qui apparaissent sur nos écrans. En une formule fulgurante, nous voilà revenus en pleine phénoménotechnique. Voir les choses sous l'angle des interfaces, c'est précisément les voir comme les interfaces nous les donnent à voir. Les interfaces numériques constituent bien une nouvelle matrice ontophanique, une nouvelle forme où se coule notre perception, tout comme l'ont été avant elles les machines mécanisées du premier puis du second système technique industriel. En s'intégrant à notre expérience-du-monde, elles créent un nouvel angle de vue phénoménologique par lequel les êtres virtuels du système technique numérique peuvent adve-

1. *Ibid.*, p. 23.

nir en tant que phénomènes du monde. Elles sont les nouveaux appareils qui forgent le nouvel apparaître. En vivant avec elles, nous apprenons la phénoménalité numérique et nous nous éduquons à la nouvelle ontophanie.

C'est pourquoi, trente ans après leur naissance, les images virtuelles ont définitivement perdu leur aura métaphysique. Devenues banales, elles s'inscrivent dans nos pratiques les plus ordinaires :

> L'usage du terme « cyberespace » pour décrire les mondes virtuels est né de la science-fiction, mais pour beaucoup d'entre nous, le cyberespace fait maintenant partie de la routine de la vie quotidienne [1].

S'envoyer des messages, faire des achats en ligne, échanger sur Twitter, tout cela ne résonne plus pour nous comme des pratiques relevant d'un cyberespace, mais comme des pratiques relevant du même espace que l'espace du monde. Le terme « cyberespace », issu de la science-fiction [2], est déjà un concept daté et phénoménologiquement périmé, ancré dans la rêverie du virtuel et l'imaginaire métaphysique qu'elle porte [3]. Il avait du sens quand nous perce-

1. *Ibid.*, p. 9.

2. William Gibson, *Neuromancien* (1984), Paris, La Découverte, 1985.

3. Voir en ligne les diapositives de notre conférence « There is no Difference Between the "Real" and the "Virtual": a Brief Phenomenology of Digital Revolution », *Theorizing the Web 2013*, The Graduate Center, City University of New York (CUNY), 1-2 mars 2013 (en ligne : http://goo.gl/qhUOJ).

vions les phénomènes numériques comme des mondes imaginaires et irréels, quand nous pouvions encore nous créer une adresse e-mail de la forme cyberprof@voila.fr, comme l'avait fait un jeune collègue à la fin des années 1990 avec qui nous découvrions, dubitatifs, l'usage du courrier électronique. Posséder et utiliser une boîte e-mail paraissait alors une manière d'entrer dans une autre dimension, une autre réalité. Aujourd'hui, hormis sur un mode furtif ou humoristique, il ne viendrait à personne l'idée de se créer une telle adresse mail. Au contraire, épousant la dynamique phénoménotechnique de l'acculturation numérique, nos boîtes mail ont épousé la nouvelle banalité du monde et sont maintenant plutôt de la forme : vial.stephane@gmail.com. Cet exemple simple, relevé dans l'évolution des pratiques sémantiques de nos courriels, illustre bien à quel point nous avons appris à voir les choses sous l'angle des interfaces, c'est-à-dire percevoir de manière nouvelle, acquérir une manière nouvelle de se-sentir-au-monde.

Nous sommes sortis de la rêverie du virtuel. Aujourd'hui, nous n'avons plus le sentiment d'être projetés *dans* des « mondes virtuels », mais plutôt de vivre *avec* des « interfaces numériques ». Nous employons d'ailleurs plus volontiers le terme « numérique » que celui de « virtuel » parce que, intuitivement, nous reconnaissons un peu plus le phénomène informatisé dans son objectivité technique et sa matérialité bien réelle.

En ce sens, l'hypothèse du virtuel aura été un premier pas dans la compréhension de la nouvelle ontophanie induite par le système technique numérique. Elle aura permis de montrer que les phénomènes numériques sont faits de simulation informatique, et que la phénoménotechnique des interfaces numériques est celle qui nous fait vivre dans une certaine virtualité ambiante. Néanmoins, parce qu'elle n'est jamais complètement libérée de l'imaginaire métaphysique de l'irréel, cette voie de recherche est aujourd'hui épuisée et en soi insuffisante pour rendre compte de la complexité de l'ontophanie numérique. La virtualité dans laquelle nous vivons n'est qu'un aspect parmi d'autres de la phénoménotechnique générale induite par les appareils numériques. Il est temps d'analyser l'ontophanie numérique dans toute sa complexité phénoménologique.

Chapitre 5

L'ontophanie numérique

« La machine ne meurt ni ne vit : elle marche et tombe en panne. »

Jean-Claude Beaune, *La Technologie*[1]

L'ontophanie portée par le système technique numérique est inouïe. Là où la révolution mécanique heurtait par sa violence sociale, la révolution numérique heurte par sa violence phénoménologique. Celle-ci est si grande qu'elle a frappé les penseurs avec la même intensité qu'elle a frappé les populations. Même s'ils se sont très tôt emparés de la question, les chercheurs ont été hypnotisés par la nouvelle phénoménologie des images et le vertige perceptif de la simulation – pour certains, ils le sont encore. C'est ce qui les a conduits dans un premier temps à faire porter tout l'effort de recherche sur l'hypothèse du virtuel, avec la rêverie de l'irréel qu'elle induit. Pour contenir la violence phénoméno-

1. Paris, Puf, « Dossiers Logos », 1972, p. 7.

logique de cette nouvelle ontophanie, sans doute était-il nécessaire de la repousser provisoirement en dehors du réel. Quoi qu'il en soit, on a fini par confondre littéralement le phénomène numérique avec le phénomène virtuel, ainsi qu'en témoigne la définition donnée encore aujourd'hui dans Wikipedia, selon laquelle le terme « virtuel » servirait à « désigner ce qui se passe dans un ordinateur ou sur Internet, c'est-à-dire dans un "monde numérique" par opposition au "monde physique [1]" ».

Or, s'il est vrai que le virtuel constitue une propriété indéniable des appareils numériques – en tant qu'ils produisent des êtres informatiquement simulés –, celle-ci n'en est qu'une parmi d'autres. Car le phénomène numérique n'est pas seulement une affaire d'images. Seuls les métaphysiciens victimes de leur imaginaire ont voulu aborder le phénomène en donnant une telle profondeur au visible. Si l'on se tourne vers les designers, qui ont la responsabilité de la conception des appareils numériques, on s'aperçoit qu'au-delà de la virtualité, de nombreuses autres caractéristiques du phénomène, tout aussi inouïes, doivent être prises en compte. C'est tout l'intérêt d'une philosophie de la technologie étayée sur une culture technique et design, de pouvoir le montrer.

En vérité, rares sont les phénomènes donnés à notre perception qui exigent de nous un tel effort de la raison. Habituellement, il suffit de tendre nos sens

1. Article « Virtuel », Wikipedia, art. cit.

en direction des objets et ceux-ci se livrent sans dissimulation, dans leur aura naturelle. Avec le phénomène numérique, en revanche, les sens n'ont jamais été aussi trompeurs. Hypnotisés par le monde d'images des écrans, nos yeux nous cachent la nature véritable des êtres numériques. Ils nous font croire à des choses qui seraient à mi-chemin entre l'être et le néant, qui ne seraient ni tout à fait réelles ni tout à fait imaginaires. Or il ne s'agit pas de situer le phénomène numérique entre l'être et le néant, mais là où il est : entre l'être et l'écran. Car s'il est plus complexe qu'une suite discrète de 0 et 1 électroniquement exécutés sur une puce de silicium, il est également plus subtil qu'une suite d'images virtuelles qui défileraient sous nos yeux à la manière des ombres de la caverne de Platon.

La dimension de la virtualité, en effet, n'est qu'une dimension parmi d'autres dans les expériences que nous vivons avec les appareils numériques. Aussi, pour saisir la complexité phénoménologique du numérique, pour éclairer le sens de ce que nous éprouvons (et de ce que nous sommes ?) en face des interfaces, nous avons besoin de nouveaux concepts. Nous proposons ici d'analyser l'ontophanie numérique à travers onze catégories. Elles doivent être considérées comme des concepts phénoménologiques, ayant moins pour but de décrire objectivement le phénomène numérique tel qu'il se présente du point de vue technique et scientifique (quoique ce point de vue ne soit pas absent) que de révéler ce qu'il constitue subjectivement du point de vue ontophanique, c'est-à-dire du point de vue de sa manifestation phénoménale singulière, en tant que phénomène du « monde vécu » (Edmund Husserl) par le sujet.

17 – Nouménalité : le phénomène numérique est un noumène

Certains phénomènes du monde ne sont pas à proprement parler des phénomènes, au sens où ils n'apparaissent pas, ils ne se manifestent pas à nous dans l'expérience sensible. Situés dans un au-delà perceptif, ils sont invisibles et nous feraient presque croire qu'ils n'existent pas. Tels sont par exemple, nous l'avons vu avec Bachelard, les phénomènes quantiques, ou plutôt, devrions-nous dire, les noumènes quantiques. Car c'est là ce qui définit depuis Kant le noumène : sa capacité à se situer hors du champ de l'expérience possible. Et c'est ce qui se passe avec le monde quantique, ce « monde caché » pour physiciens, qui est « d'essence mathématique [1] » et qui, pour cette raison même, ne peut jamais être actuellement présent devant nos yeux. Cette nouménalité pure n'est d'ailleurs pas le propre des processus quantiques.

1. G. Bachelard, *Études*, *op. cit.*, p. 17.

D'après Gilles-Gaston Granger, elle s'applique à la totalité des phénomènes objets de science. On peut la définir, en un sens philosophique bien distinct du sens informatique, comme un « virtuel ».

En effet, dans un ouvrage à la rigueur impeccable[1], que tous les métaphysiciens de l'irréel devraient méditer, Granger définit trois régimes de réalité : le probable, le possible et le virtuel. En accord avec la tradition aristotélicienne, tous s'opposent « non pas au réel, mais à l'actuel[2] », défini comme « cet aspect du réel qui est saisi comme s'imposant à notre expérience sensible, ou à notre pensée du monde, comme existence singulière *hic et nunc*[3] ». L'actuel, c'est donc l'ici et maintenant de la présence, en tant que présence sensible (un peu comme l'aura chez Walter Benjamin). Dans cette perspective, « le virtuel serait le nom donné au non-actuel considéré essentiellement et proprement en lui-même, du point de vue de son état négatif, sans en envisager le rapport à l'actuel[4] ». Le possible devient alors « le non-actuel dans son rapport à l'actuel » tandis que le probable est « un non-actuel envisagé pleinement et concrètement dans son rapport à l'actualité, pour ainsi dire comme une pré-actualité[5] ».

1. G.-G. Granger, *Le Probable, le Possible et le Virtuel…*, *op. cit.*
2. *Ibid.*, p. 11.
3. *Ibid.*, p. 13.
4. *Ibid.*
5. *Ibid.*, p. 14.

En proposant ces nouvelles catégories, qu'il utilise comme métaconcepts pour reformuler « quelques problèmes épistémologiques classiques touchant la connaissance [1] », Granger n'ignore pas ce qu'il appelle la « collusion naturelle de l'imaginaire et du virtuel [2] ». Cette collusion, qui est à l'origine de la rêverie du virtuel dont nous avons parlé, peut s'observer dans l'usage littéraire du concept, par exemple dans la nouvelle de Borges intitulée « La bibliothèque de Babel », ou encore, d'une certaine façon, dans l'usage très particulier que fait Serge Tisseron de la notion de virtuel. Mais pour Granger, il s'agit là à fort juste titre d'un « pseudo-virtuel », qui ne doit pas nous détourner du « virtuel cognitif », pleinement libéré de « ce halo affectif sur quoi repose sa valeur esthétique [3] ».

Dès lors, parce que le réel de la science est toujours un réel expliqué, Granger propose de définir les explications scientifiques comme des « épures, ou modèles abstraits du réel établis grâce à un détour de la pensée par [...] des virtualités [4] ». Il s'agit de mettre en évidence le « le rôle du virtuel, degré zéro du possible, dans la construction de l'objet scientifique [5] » :

1. *Ibid.*, p. 15.
2. *Ibid.*, p. 17.
3. *Ibid.*, p. 80.
4. *Ibid.*, p. 9.
5. *Ibid.*, p. 16.

> On voudrait montrer que toute connaissance scientifique porte en définitive et fondamentalement sur ce que nous nommons le « virtuel [1] ».

De là, Granger envisage « la mathématique comme royaume du virtuel », au sens où les êtres mathématiques sont « essentiellement abstraits », « non réalisés comme tels dans l'expérience sensible [2] » et non associés à l'actuel : « la mathématique est bien la science des formes virtuelles (possibles ou non) des objets pensables en général [3] ». S'ensuit-il que les êtres mathématiques ne se rattachent pas à la réalité ? Absolument pas. Pour Gilles-Gaston Granger, et nous ne saurions trop abonder dans ce sens, il faut prendre la mesure du fait que « le réel déborde l'actuel et, tel que nous l'entendons, il inclut nécessairement du virtuel [4] ». Les objets scientifiques modernes sont tous faits de cette virtualité, et pas seulement les mathématiques : « les sciences de l'empirie sont également sciences du virtuel [5] », à ceci près que, grâce à des virtualités, elles parviennent à représenter le monde tel qu'il est actuellement expérimenté dans le sensible selon « un rapport de principe du virtuel à l'actuel » par lequel les sciences empiriques intègrent par ailleurs le régime du probable :

1. *Ibid.*, p. 15.
2. *Ibid.*, p. 80.
3. *Ibid.*, p. 81.
4. *Ibid.*
5. *Ibid.*, p. 99.

> Toute science de l'empirie parachève, par un passage à l'actuel, une connaissance qui s'est déployée dans le virtuel, permettant ainsi la confrontation avec l'expérience. Mais au niveau même de la représentation, avant toute expérimentation effective, ce passage à l'actuel est préparé grâce à l'utilisation du probable [1].

Retenons de ces développements, qui méritent bien des approfondissements, ce paradoxe : la science vise le réel alors qu'elle se déploie dans le royaume du non-actuel. Voilà qui ne peut manquer de nous interroger, écrit Granger pour finir, sur « la signification globale de notre expérience du monde [2] ». En effet, demande-t-il, « Le réel se réduit-il à des actualités [3] ? » Assurément non. Le temps est venu d'étirer le concept de réalité :

> Il faut donc dire que le concept de réalité est une construction comportant une facette d'actualité, et une facette composite de virtuel et de probable [4].

Le meilleur exemple en est celui des « réalités » quantiques de la physique nucléaire. Bachelard les définissait comme des noumènes. Granger voit en elles un « exemple énigmatique et merveilleux d'une réalité virtuelle [5] ». Voilà en effet des réalités parfaitement attestées par la science, mais parfaitement

1. *Ibid.*, p. 129.
2. *Ibid.*, p. 231.
3. *Id.*
4. *Ibid.*, p. 232.
5. *Ibid.*, p. 234.

inaccessibles à la perception. C'est en ce sens, proprement philosophique, que nous pouvons parler à la suite de Granger de phénomènes virtuels, même si nous préférerons, pour éviter des confusions avec le sens informatique, les appeler des noumènes. Dans cette perspective, un noumène, c'est un phénomène sans phénoménalité : qui ne se phénoménalise pas, qui ne se manifeste pas, qui ne nous apparaît pas, qui n'accède pas au « monde vécu », en bref, que nous ne percevons pas – une sorte de manifestation non manifestée. Les phénomènes quantiques de la physique nucléaire sont de tels noumènes.

Mais ils ne sont pas les seuls : les processus numériques entrent également dans la catégorie des noumènes. Tout comme les processus quantiques, il faut aux processus numériques un appareillage technique pour pouvoir apparaître. Cet appareillage, ce sont les interfaces. Qu'elles soient graphiques (modalité visuelle), en ligne de commande (modalité textuelle) ou tangibles (modalité gestuelle), les interfaces sont les appareils de l'apparaître numérique : ce sont elles qui permettent de phénoménaliser le noumène numérique et d'en faire un phénomène visible et perceptible, par exemple sous la forme de ces environnements ou mondes virtuels – au sens informatique du terme – qui ont tant frappé les premiers penseurs de cette technique. Par conséquent, le phénomène numérique n'est pas d'abord un phénomène : c'est un noumène. Tout comme le noumène quantique ne devient phénomène qu'à travers l'appareillage de l'accélérateur de particules, le noumène numérique ne devient phénomène qu'à travers l'appareillage des interfaces informatisées, intermédiaires phénoméno-techniques entre l'échelle nouménale (mathématique) de l'information calculée et l'échelle phénoménale (sensible) de l'interface utilisateur.

Dès lors, tout comme la physique nucléaire a fait naître l'étant quantique, le système technique numérique fait naître l'étant numérique. Ce n'est pas là seulement une extension du domaine de l'ontologie, mais du domaine de la matériologie. Une nouvelle matière est née, aux propriétés inédites et qui, contrairement à la matière quantique, a été mise entre toutes les mains en un temps record. Chaque révolution technique est une révolution des matériaux ; la révolution numérique est celle de la matière calculée [1], aujourd'hui le socle du « médium algorithmique [2] ». Comme autrefois la fonte et le fer, la matière calculée est aujourd'hui disponible à bas coûts et en très grandes quantités, accessible à tous. C'est pourquoi elle façonne notre monde. Ainsi que le souligne Paul Mathias, les flux numériques ne sont pas seulement dans le monde, ils sont le monde :

> L'information est le réel et non pas dans le réel ou devant le réel ou auprès du réel ou consécutive-

1. Voir S. Vial, « Qu'appelle-t-on "design numérique" ? », *Interfaces numériques*, vol. 1/1, 2012, p. 91-106.

2. Pierre Lévy, « Le médium algorithmique », *Sociétés* (à paraître), 2013 (en ligne : http://pierrelevyblog.files.wordpress.com/2013/02/00-le_medium_algorithmique.pdf).

> ment au réel. « Elle est le réel », cela signifie que l'organisation de la vie dans son ensemble [...] est comme perfusée de flux informationnels qui n'en constituent pas de simples outils mais l'architecture et la dynamique effectives. [...] Les réseaux ne sont pas dans la réalité, c'est la réalité qui sourd au contraire au confluent des réseaux [1].

Les réseaux font le réel ou font le monde. Tel est le processus de la coulée phénoménotechnique de type numérique dans laquelle nous vivons. La matière calculée en est le fondement. Elle circule à toutes les échelles de la vie et transporte, outre de multiples usages, une nouvelle phénoménologie du monde. Seul un nouveau matériau peut engendrer de nouvelles modalités perceptives. Mais parce qu'elle est d'essence mathématique, c'est-à-dire imperceptible, la matière calculée est d'abord nouménale.

L'étant numérique est un noumène, telle est la première caractéristique de l'ontophanie numérique.

18 – IDÉALITÉ : LE PHÉNOMÈNE NUMÉRIQUE EST PROGRAMMABLE

En introduisant la culture de la simulation, les interfaces graphiques ont fait naître un monde nou-

1. P. Mathias, *Qu'est-ce que l'Internet ?*, *op. cit.*, p. 32.

veau. Grâce à l'intuitivité de leurs icônes et de leurs boutons, elles ont permis à tous ceux qui ne savent pas écrire du code d'exploiter les capacités de la matière calculée. Pourtant, il ne faut jamais oublier que, derrière chaque icône et chaque bouton, existent des lignes de code. La matière calculée est d'abord un ensemble d'idéalités, ou d'êtres de raison, relevant des langages de programmation. Certes, pour un esprit hors normes comme celui de John von Neumann, « le langage le plus parfait et le plus universel [est] le langage machine [1] », celui qui est composé exclusivement d'une suite discrète de 0 et 1. Mais comme seuls quelques individus d'exception sont capables de le lire et le comprendre, il a bien fallu mettre au point des langages qui, quoique toujours très abstraits, pouvaient être lus plus facilement par le plus grand nombre. Ainsi sont nés les langages de programmation, qui peuvent être définis comme des langues formelles, constituées de symboles, et permettant de réduire un problème à un algorithme. Le premier à avoir écrit un langage de programmation est Alan Turing (à qui l'on doit le concept d'algorithme), dans le but de faciliter l'usage du Manchester MARK I, le premier ordinateur construit, en 1948. Contenant seulement cinquante instructions, il a fortement inspiré celui de l'UNIVAC 1 d'Eckert et Mauchly, en 1951. Mais le premier véritable langage

1. Philippe Breton, *Une histoire de l'informatique* (1987), Paris, Le Seuil, « Points Sciences », 1990, p. 178.

de programmation, mis au point entre 1953 et 1956 pour l'IBM 701, est le FORTRAN [1] ; celui que les premiers usagers non spécialistes de l'informatique, architectes, designers, ingénieurs, physiciens, ont appris à manipuler alors que les interfaces graphiques n'existaient pas [2].

Néanmoins, tout comme l'homme ne sait pas bien lire le langage machine, la machine ne sait pas interpréter directement les langages de programmation écrits par les humains. On a donc inventé une catégorie particulière de langages servant uniquement à traduire un langage de programmation en langage machine (ou en un autre langage de programmation). C'est ce qu'on appelle un compilateur. Ainsi, à chaque instant, dans un ordinateur, il se produit une série de compilations en chaîne, permettant aux langages de haut niveau (qui ont le degré d'abstraction le plus élevé et sont lisibles par un humain) d'être traduits en langages de bas niveau (dont la syntaxe est plus proche du code binaire de la machine), jusqu'au langage machine lui-même. Ces opérations incessantes valent aussi bien pour les interfaces en ligne de commande que pour les interfaces graphiques.

Par exemple, quand je tape ces lignes dans mon traitement de texte (logiciel écrit en langage de haut

1. *Ibid.*, p. 180.

2. Voir Sh. Turkle, *Simulation and its Discontents*, Cambridge (MA), MIT Press, 2009.

niveau), il se produit une série de compilations instantanées permettant que cette action, exécutée en langage machine dans les limbes électromathématiques du micro-processeur, produise l'affichage immédiat du texte sur mon écran. Philippe Quéau a très tôt souligné cette caractéristique, à propos des images virtuelles : « à la différence des images photographiques ou vidéographiques qui sont issues de l'interaction de la lumière réelle avec des surfaces photosensibles, ces images ne sont pas d'abord des images, elles sont d'abord du langage [1] » :

> Les images de synthèse sont calculées sur ordinateur à partir de modèles mathématiques et de données diverses. On appelle cela « synthétiser une image », parce que toute l'information nécessaire à la création d'une image ou même d'une série d'images animées est disponible sous forme symbolique, dans la mémoire de l'ordinateur, et qu'il n'est donc pas nécessaire de faire appel au monde « réel » pour les créer. [...] Le lisible peut désormais engendrer le visible [2].

L'image virtuelle n'est donc rien d'autre qu'une « image calculée [3] » et « la nature profonde du virtuel est de l'ordre de l'écriture [4] ». Vingt ans plus tard, Paul Mathias écrit de même : « L'Internet est un monde. Non pas de choses, de machines, d'instru-

1. P. Quéau, *Le Virtuel...*, *op. cit.*, p. 30.
2. *Ibid.*, p. 29.
3. *Ibid.*, p. 30.
4. *Ibid.*, p. 45.

ments, mais de significations. [...] L'Internet est un processus infini d'écriture transitoire et transitive [1]. »

Par conséquent, « les mondes virtuels [sont] totalement synthétiques, on peut les programmer à volonté [2] ». Mais ce qui vaut pour les environnements virtuels, on l'a bien compris, n'est jamais qu'une caractéristique générale des étants numériques, que ceux-ci comportent ou non des images virtuelles. Tout ce qu'un ordinateur peut faire, qu'il s'agisse d'un ordinateur grand système, d'un micro-ordinateur, d'un serveur Web ou d'une tablette tactile, est engendré par des lignes de codes, c'est-à-dire par des langages de programmation. Nous vivons le temps des logiciels ou plutôt, comme le dit Lev Manovich en faisant une allusion subtile à S. Giedion, le temps des « logiciels au pouvoir [3] ». En ce sens, même si l'on en comprend la valeur descriptive, on peut douter de la pertinence conceptuelle de l'expression « intelligence artificielle », qui tend à suggérer qu'un ordinateur serait doté d'une intelligence autonome sans que celle-ci soit, d'une manière ou d'une autre, la conséquence d'une série d'instructions programmées et voulues par l'homme [4]. Comme le

1. P. Mathias, *Qu'est-ce que l'Internet ?*, *op. cit.*, p. 55.

2. P. Quéau, *Le Virtuel*, *op. cit.*, p. 15.

3. Lev Manovich, *Software Takes Command*, New York, Bloomsbury Publishing, 2013. Ce titre fait référence à celui de l'ouvrage de S. Giedion déjà cité et qui, en anglais, est : *Mechanization Takes Command: A Contribution to Anonymous History*.

4. Voir à ce sujet notre billet de blog « La menace très fantomatique du "trading algorithmique" », *Reduplikation.net*, 20 mai

souligne Sylvie Leleu-Merviel, « si l'ordinateur produit effectivement des propositions accessibles à l'entendement humain, il n'est aucunement "intelligent" dans le sens où il ne "comprend" rien de ce qu'il fait [1] ». Les informaticiens le savent bien : rien de ce qui se produit au sein ou au moyen d'un ordinateur ne peut être causé par autre chose que par un programme écrit par l'homme. Les êtres numériques sont par définition des phénomènes programmables.

C'est pourquoi les programmeurs – qu'on appelle aujourd'hui développeurs ou, au sens noble, *hackers* – sont les héros de notre temps. Comme autrefois l'ingénieur de la Renaissance, le hacker incarne la figure du génie éclectique d'aujourd'hui. De Steve Wozniak à Bill Gates, de Richard Stallman à Tim Berners-Lee, de Linus Torvalds à Steve Jobs, ce sont les informaticiens qui font le monde dans lequel nous vivons, et également ceux qui, dans le quotidien des industries créatives, font les interfaces ordinaires que nous utilisons tous les jours (logiciels, sites Web, applications…). Travailler la matière calculée est une exigeante opération de l'esprit, tant de l'esprit de géométrie que de l'esprit de finesse. Il faut donc prendre Pierre Lévy très au sérieux lorsqu'il nous invite à

2013 (en ligne : http://www.reduplikation.net/post/50921636485/la-menace-tres-fantomatique-du-trading-algorithmique).

1. S. Leleu-Merviel, « Les désarrois des "Maîtres du sens" à l'ère du numérique », art. cit., p. 20.

considérer « la programmation [...] comme l'un des beaux-arts [1] » :

> Il y a, dans le métier d'informaticien, toute une part de créativité et de coopération inventive, généralement mal connue du grand public. [...] À l'époque de la Renaissance, on trouvait normal que les artistes soient géomètres ou les ingénieurs, humanistes. Hélas, depuis ce temps, la spécialisation disciplinaire a ravagé le paysage intellectuel. Alors que le métier des informaticiens est d'agencer des architectures de signes, de composer l'environnement de communication et de pensée de groupes humains, on se refuse bizarrement à considérer que leur activité relève d'une compétence artistique et culturelle [2].

Ceux qui font de l'informatique, en revanche, n'en doutent pas. Lorsqu'on lui demandait d'expliquer le succès du Macintosh, Steve Jobs répondait qu'avant toute chose « les personnes qui ont travaillé dessus étaient des musiciens, des poètes, des artistes, des zoologistes et des historiens qui se trouvaient être également les meilleurs informaticiens du monde [3] ». Et il est certain que l'amour du code dans la culture informatique est aussi fort que l'amour de l'art dans la culture classique : « *Code is poetry* », dit

1. P. Lévy, *De la programmation comme un des beaux-arts*, Paris, La Découverte, 1992.
2. *Ibid.*, p. 7.
3. Robert X. Cringely, *The Triumph of the Nerds*, *op. cit.*

le slogan officiel du logiciel WordPress [1]. De même, quand Steve Wozniak – surnommé le magicien Woz – réussit à obtenir de 8 puces sur un circuit intégré qu'elles fassent le même travail que 35 puces, il ne commet pas seulement un acte de génie technique, mais aussi d'amour :

> Un jour, j'ai emporté chez moi un livre sur le PDP8 [2] et c'est devenu ma bible. Certains se prennent de passion pour les mots croisés ou pour un instrument de musique, moi, je ne sais pas pourquoi, je suis tombé amoureux de ces petits schémas qui décrivaient les circuits internes des ordinateurs. Avec un peu de maths, j'arrivais à résoudre des problèmes, à trouver des solutions personnelles, et ça me rendait heureux [3].

On sait quel est le destin de l'une de ces « solutions personnelles » : elle porte le nom d'Apple II, le premier micro-ordinateur grand public massivement commercialisé :

> Je me suis dit : pourquoi l'ordinateur et le moniteur devraient-ils avoir chacun leur mémoire ? Ils n'ont qu'à partager la même, ça faisait des puces en

1. WordPress est l'un des logiciels libres de gestion de contenu en ligne les plus utilisés au monde (voir : http://wordpress.org).

2. Premier mini-ordinateur à grand succès, lancé commercialement en 1965.

3. Steve Wozniak, *in* Robert X. Cringely, *The Triumph of the Nerds*, *op. cit.*

> moins. Et je me suis plongé dans les manuels, et j'ai déniché une puce qui faisait le même travail que cinq autres, comme ça, petit à petit, j'ai réduit le nombre de puces. Résultat génial : un ordinateur avec écran couleur sur lequel on pouvait programmer des jeux ou tout ce qu'on voulait. C'était la machine dont j'avais toujours rêvé pour moi-même. Et Steve m'a dit : je crois qu'on va pouvoir en vendre un millier par mois [1].

En outre, tout comme l'artiste ou l'homme de science, l'informaticien n'est jamais plus lui-même que lorsqu'il confère à son code le pouvoir de porter une vision du monde. Lorsqu'il choisit de placer le World Wide Web dans le domaine public en 1993, Tim Berners-Lee ne commet pas seulement un acte de partage technique, mais un acte politique : il choisit d'offrir au monde, sans déposer aucun brevet, le plus puissant système hypertexte ayant jamais existé. On sait le destin qu'ont eu ces quelques lignes de code en un certain ordre assemblées.

Ainsi, on peut dire que tout ce qui est numérique est abstrait et sémantique. La matière calculée est de nature logique, au sens où elle est constituée d'êtres de raison, de signes, d'informations, mathématiquement et formellement organisés.

Le phénomène numérique est donc un idéalisme. Telle est la deuxième caractéristique de l'ontophanie numérique.

1. *Ibid.*

19 – Interactivité : le phénomène numérique est une interaction

En 1979, tandis que Steve Jobs est autorisé à visiter le Xerox Parc où il va découvrir l'interface graphique du Xerox ALTO, Bill Moggridge est choisi pour être le designer du premier ordinateur portable, le GRID Compass, commercialisé en 1982 et embarqué en 1985 dans la navette spatiale Discovery. « Ce fut un énorme frisson d'être membre d'une équipe qui était en train de réaliser quelque chose d'aussi innovant », déclare-t-il dans un entretien vidéo [1]. En 1981, alors qu'Apple travaille sur le projet Macintosh, le premier prototype fonctionnel est réalisé. Dédié à des applications très spécifiques, le GRID Compass n'est pas équipé d'une interface graphique, mais il constitue une avancée majeure qui intègre nombre d'innovations, dont la plus célèbre est l'écran-rabat qui éteint l'ordinateur quand on le ferme. À l'occasion de ce projet, Bill Moggridge comprend que, face aux technologies numériques, il faut repenser l'ensemble du processus de design au service de l'utilisateur.

Rejoint en 1986 par Bill Verplank, ancien chercheur au Xerox Parc, il forge alors avec lui l'expres-

1. B. Moggridge, *Designing Interactions*, Cambridge (MA), MIT Press, 2007 (en ligne : http://www.designinginteractions.com/chapters/introduction).

sion « design d'interaction » (Interaction Design) pour remplacer celle de « conception d'interface utilisateur » (User Interface Design) employée jusqu'ici par les ingénieurs en interface homme-machine (Human-Computer Interaction, HCI). De là vient que les designers industriels ont tendance à considérer aujourd'hui le terme « interface » comme dépassé et désuet, celui-ci appartenant selon eux à une période révolue de la culture de la conception, alors que les designers Web, habitués à parler de « UI Design » (User Interface Design), le jugent toujours pertinent pour caractériser l'objet de leur travail. Quoi qu'il en soit, pour Moggridge et Verplank, le passage d'un vocabulaire de l'interface à un vocabulaire de l'interaction a une finalité très précise : il s'agit de mettre l'accent sur l'expérience plutôt que sur l'objet [1], et de passer ainsi d'une culture exclusivement technique à une culture design :

> Les designers de produits issus des technologies numériques ne considèrent plus leur travail comme consistant à faire le design d'un objet physique – beau ou utile – mais comme consistant à faire le design des interactions avec lui [2].

Une nouvelle notion est née, celle de l'interaction, et elle ne vient pas des philosophes, mais des designers. Elle met l'accent sur une caractéristique

1. Alain Findeli (2005) parle de « l'éclipse de l'objet » dans les théories du projet en design.

2. *Ibid.*

essentielle du phénomène numérique : les appareils numériques ne pouvant être utilisés qu'à l'aide d'interfaces (qu'elles soient volumiques, logicielles, visuelles, tactiles ou gestuelles), la nature de l'expérience opérationnelle qu'ils offrent à l'utilisateur n'est pas de l'ordre de l'action mécanique, mais de l'interaction algorithmique. Lorsqu'on utilise un objet non informatisé, par exemple une machine à écrire, on peut dire que l'on agit, au sens où l'on produit avec son corps une action mécanique (on enfonce une touche) qui se répercute directement dans la matière de la machine (engrenages et leviers), aboutissant à une action physique (la frappe du caractère sur le ruban encreur). Mais lorsqu'on utilise un ordinateur, on n'agit pas : on interagit.

Tout d'abord parce que, notre corps ne pouvant entrer en contact direct avec la matière calculée (mi-mathématique, mi-électronique, c'est-à-dire nouménale, elle est inaccessible à la perception sensible), on est contraint de passer par des substituts matériels et logiciels (clavier, souris, icônes, boutons, menus…) – qu'on appelle précisément l'inter-face –, rendant cette matière perceptible, manipulable et exploitable pour toutes sortes de fins (jouer, travailler, acheter, vendre, dialoguer, communiquer…). Ces intermédiaires phénoménotechniques transforment le *noumène* numérique en *phénomène* numérique et, par là, établissent une jonction entre la matière calculée et nous, en même temps qu'ils soulignent notre séparation irrémédiable d'avec elle. Paradoxe édifiant, qui enseigne que vivre dans les interactions (ou faire l'expérience d'une interface), c'est vivre entre deux mondes, comme en suspension. D'autres appellent cela « la vie sur écran [1] ».

Ensuite, et c'est la seconde raison, parce que la matière informatisée est réactive : une action de l'usager entraîne une réaction du système, comme si la machine nous répondait et engageait avec nous une relation, que l'on préfère appeler une situation d'interactivité. Les pionniers de la micro-informatique en parlent très bien, à l'image de Steve Jobs :

> On tapait les commandes au clavier, on attendait un peu, et tout à coup, l'engin nous sortait une réponse [...]. Il suffisait d'écrire un programme en langage BASIC ou FORTRAN et cette machine était capable de s'approprier notre idée et d'une certaine façon de l'exécuter [2].

Autrement dit, l'utilisateur agit et la machine réagit. Je clique sur un bouton et le titre de mon texte s'affiche en gras, je clique sur un lien et mon navigateur Web me transporte sur la page demandée, ou encore je presse quelques touches et ma console de jeux me fait vivre une expérience de conduite automobile. Là réside l'interactivité. Parce qu'interagir, c'est précisément réagir à une réaction, ce qui provoque une nouvelle réaction à laquelle on doit à

1. S. Turkle, *Life on the Screen...*, *op. cit.*

2. S. Jobs, *in* Robert X. Cringely, *The Triumph of the Nerds...*, *op. cit.*

nouveau réagir… Vivre dans les interactions, c'est donc vivre une relation potentiellement infinie avec la matière calculée, comme si elle était un interlocuteur qui « renvoie » toujours quelque chose. C'est la raison pour laquelle, au grand dam des inquiets, les interfaces numériques sont des capteurs d'attention très puissants : elles sollicitent sans fin notre capacité à interagir avec elles. Mais c'est ce qui les rend également attractives et « *play*santes », nous y reviendrons.

Ainsi, le noumène numérique n'est pas un phénomène inaccessible, réservé aux seuls êtres de raison des mathématiciens. Parce qu'elle est programmable et programmée, la matière calculée est fondamentalement réactive, c'est-à-dire accessible à un usager. Il faut bien comprendre que cette aptitude réactive est l'une de ses propriétés intrinsèques et que c'est seulement en tant que cette propriété est intrinsèque que nous sommes fondés à parler d'interactivité. Sans quoi, tout ce qui constitue un intermédiaire entre deux choses pourrait être une interface : un tel abus de langage n'est pas acceptable, même si les designers d'interaction eux-mêmes en sont parfois victimes.

En toute rigueur, ne peut prétendre accéder à la notion d'interface que ce qui, dans sa matière même, contient une aptitude réactive intrinsèque. Un écran de cinéma n'est pas une interface et ne produit aucune interactivité. Bien sûr, objectera-t-on, face à une projection filmée, je ne suis jamais passif car je ressens une intense activité en moi, sous la forme de représentations et d'émotions. Mais, dans ce cas, c'est moi qui réagis, et moi seul, avec ma propre matière psychique, en convoquant mon imaginaire, mon inconscient, mon fantasme, mais ce n'est pas le flux séquencé des images projetées à l'écran. Les images cinématographiques projetées sur l'écran n'ont aucune capacité technique à réagir. Elles ne sont pas interactives, seulement actives : elles s'enchaînent mécaniquement, en suivant l'ordre irrémédiablement fixé de la pellicule, sans pouvoir le changer en cours de route. On ne peut ni arrêter le film ni modifier le scénario en cliquant sur une scène. On ne le peut pas parce que les images cinématographiques ne sont pas faites de matière programmable, c'est-à-dire numérique ; elles sont faites de matière photosensible, c'est-à-dire mécanique. C'est pourquoi elles sont incapables d'engendrer la moindre interactivité. Le cinéma est une (magnifique) technique de l'ère mécanisée. Il en va de même avec le téléphone, qui n'est pas une interface mais un intermédiaire : il nous met en relation à distance mais ne crée pas plus d'interactivité que quand nous nous parlons, à nos heures intimes, à travers des draps. Il n'est qu'un moyen de transmission sonore, capable d'engendrer une relation, mais n'offre aucune interaction.

Il ne faut donc pas confondre l'activité engendrée en moi par un objet situé hors de moi avec de l'interactivité. Seul ce qui est fait de matière calculée peut engendrer de l'interactivité, c'est-à-dire de l'activité corrélativement produite par moi et par un objet situé hors de moi. C'est le cas des jeux vidéo qui, contrairement aux images cinématographiques, sont des objets possédant une aptitude réactive intrinsèque parmi les plus puissantes ayant jamais existé. Le jeu vidéo est une technique exemplaire de l'ère numérique, qui en exploite toutes les potentialités. Dans un jeu vidéo, non seulement je suis « instancié » dans un monde virtuel en tant qu'élément interactif (mon personnage), mais j'ai la possibilité matérielle effective d'interagir avec le monde virtuel qui m'entoure, grâce à des éléments d'interface comme les menus (les options du jeu), les objets virtuels (une arme, un vêtement, une automobile), les objets non virtuels (une manette) et même les gestes de mon corps (détection de la manette dans l'espace). En ce sens, le jeu vidéo représente le modèle de l'interactivité et donne raison à Mathieu Triclot lorsqu'il demande :

> Quelle autre forme culturelle, autre que le jeu vidéo, peut permettre cela ? Qui peut rembobiner un film ou tourner en arrière les pages d'un livre et espérer que la suite en sera modifiée conformément à ses attentes [1] ?

C'est pourquoi l'interactivité est un critère de démarcation sûr entre jeu vidéo et cinéma. « Regarder n'est pas jouer [2] ». Seule une interface numérique

1. M. Triclot, *Philosophie des jeux vidéo*, Paris, La Découverte, 2011, p. 21.

2. *Ibid.*, p. 96.

peut être support d'interactivité et, réciproquement, l'interactivité est une caractéristique propre aux interfaces numériques.

Lorsqu'il se présente à la perception, le phénomène numérique est donc fondamentalement un phénomène interactif. Telle est la troisième caractéristique de l'ontophanie numérique.

20 – VIRTUALITÉ : LE PHÉNOMÈNE NUMÉRIQUE EST UNE SIMULATION

Bien que les premiers penseurs de l'ère numérique aient voulu lui donner un rôle central et essentiel, la virtualité est, parmi toutes les caractéristiques du phénomène numérique, la seule qui soit contingente et accidentelle. Par là, il faut entendre qu'un appareil numérique ne contient pas nécessairement de la virtualité, du moins au sens informatique du terme, alors qu'il contient nécessairement de l'interactivité ou de la programmabilité. Les interfaces en ligne de commande, par exemple, sont au plus haut point des appareils numériques, mais sans aucun environnement virtuel. Tout au plus peuvent-elles recourir à de la « mémoire virtuelle » (forme non visuelle de la simulation). Pourtant, on a longtemps voulu faire du virtuel la caractéristique essentielle du numérique, nous n'y reviendrons pas. Nous l'avons montré, le virtuel désigne uniquement la capacité des appareils numériques à interfaces graphiques de produire des réalités informatiquement simulées, que ce soient des environnements logiciels (comme Windows ou Mac OS) ou de véritables mondes virtuels (comme Second Life).

Nous insisterons ici sur la phénoménotechnique du virtuel. Par là, nous désignons le fait que la virtualité inhérente aux interfaces numériques – qui sont presque toutes des interfaces graphiques – est la partie la plus apparente du moule où se coule aujourd'hui notre perception. Pourquoi ? Parce que le virtuel est le meilleur représentant visible, à l'échelle phénoménale, de la matière calculée qui opère invisiblement à l'échelle nouménale. Seuls les environnements virtuels parviennent, en sus de nous fournir une plus grande facilité d'usage, à incarner le noumène numérique dans le champ de notre perception. Considérée de ce point de vue, la virtualité est non seulement aux antipodes de la rêverie de l'irréel chère aux néoplatoniciens contemporains, mais elle doit être comprise, tout à fait à l'inverse, comme le seul moyen pour le noumène numérique de devenir une réalité phénoménale. Comme si le virtuel, pour parler faussement comme la vulgate, était la mesure du réel, c'est-à-dire le seul moyen de l'appréhender ou de le manifester. C'est peut-être pour cela que le virtuel n'est rien d'autre que du simulationnel : pour rendre visible une réalité invisible, rien de tel que de la simuler, afin d'en créer une instance phénoménale.

La virtualité constitue donc une structure phénoménotechnique majeure de la perception à l'heure du système technique numérique. Telle est la quatrième caractéristique de l'ontophanie numérique.

21 – Versatilité : le phénomène numérique est instable

Un jour de septembre 1947, dans l'équipe qui travaille sur le Harvard Mark II sous la direction de Howard Aiken, la présence d'une mite dans le relais 70 du panneau F provoque la panne complète de la machine, sous les yeux incrédules de Grace Hopper, mathématicienne et officier de marine, future conceptrice du premier compilateur (1951) et du langage COBOL (1959). À l'aide d'une pince à épiler, Grace déloge le papillon de nuit le plus célèbre de l'histoire informatique et le colle dans le journal de laboratoire sous l'intitulé : « Premier cas avéré de bug » (en anglais, *bug* signifie « insecte »). Même si Thomas Edison employait déjà le mot pour désigner un défaut, Grace Hopper est la première à l'appliquer à l'informatique. Le terme s'impose rapidement pour désigner toute erreur de conception à l'origine d'un dysfonctionnement dans un programme informatique. La notion de *debugging* (« débogage ») introduite par Grace Hopper prend tout son sens : il s'agit de rechercher dans le code le parasite logique qui fait « planter » le système.

Ce qui est arrivé au Harvard Mark II ne cessera d'arriver à tous les ordinateurs qui lui succéderont. Pourquoi ? Parce qu'un ordinateur ne peut pas « vivre » sans bugs. Même si les programmes informatiques sont écrits par des hommes, ils ne sont jamais entièrement maîtrisables a priori. Avant qu'un programme soit pleinement opérationnel, il faut le faire exécuter de nombreuses fois par la machine afin de vérifier ses comportements dans chaque situation et rectifier les inévitables lacunes. Aucun programmeur au monde, quel que soit son talent, n'est capable d'écrire un programme fonctionnant du premier coup sans bug. C'est pourquoi de nombreux tests et « débogages » précèdent toujours le lancement d'un logiciel, d'une application ou d'un site Web. Et c'est pourquoi les informaticiens numérotent toujours les versions de leurs programmes avec beaucoup de prudence, ne consentant à accorder le titre de « 1.0 » à un logiciel que lorsque celui-ci a fait l'objet de nombreuses versions test. Malgré cela, chacun le sait, les failles possibles dans les codes des programmes rendent nécessaires des mises à jour régulières et la mise en place de « patchs de sécurité ». Il est impossible de coder sans engendrer des bugs, même si, après coup, ceux-ci peuvent tous être corrigés. Le bug est consubstantiel à la matière calculée.

En d'autres termes, la matière numérique est nécessairement une matière qui achoppe, qui trébuche, qui chute. On dit d'ailleurs, lorsqu'il est victime d'un bug, qu'un serveur est *down* ou d'un site qu'il est « planté ». Et ce n'est pas seulement vrai pour le concepteur. Une fois entré dans son cycle de vie et mis entre les mains d'un usager, un programme finit toujours par produire un bug. Par exemple, les utilisateurs les plus anciens du système d'exploitation Windows de Microsoft ont tous fait l'expérience, au moins une fois, du fameux bug connu sous le nom de Blue Screen of Death (« écran bleu de la mort ») que le système affiche lorsqu'il rencontre une erreur critique. De même, quel que soit le système utilisé, il est arrivé à tout le monde d'être contraint de redémarrer sa machine, de relancer une application ou de recommencer une action. Sur un iPhone, par exemple, il arrive de temps en temps qu'une application se referme brutalement, sans raison apparente, ou qu'il ne soit pas possible de décrocher lorsqu'on reçoit un appel entrant, alors même que notre doigt effectue le bon geste.

Il existe, dans la matière calculée, une tendance structurelle et imprévisible au bug : c'est là la versatilité du phénomène numérique. Certains programmes sont connus pour être plus stables que d'autres, par exemple les serveurs GNU / Linux. Mais, en définitive, quel que soit le constructeur ou le développeur, existera toujours, dans un produit informatisé, une tendance irréductible à l'instabilité – sans compter les anomalies issues d'actes de malveillance comme les virus ou les attaques. Cette instabilité fait partie de la culture ontophanique avec laquelle, depuis plusieurs décennies, nous avons appris à vivre. Habitués aux aléas fonctionnels de nos ordinateurs, nous savons désormais que « ça peut planter ». C'est pourquoi nous effectuons régulièrement des sauvegardes. Vivre dans l'ontophanie numérique, c'est donc vivre aux côtés d'une matière instable, à laquelle nous confions tout mais sans jamais pouvoir lui faire totalement confiance. Et nous le savons. Nous avons appris à vivre avec l'instabilité de cette matière, parfois au prix de fantasmes et de craintes délirantes, comme celle du prétendu « bug de l'an 2000 ».

En vérité, nous acceptons mal qu'une matière aussi puissante soit à la fois aussi fragile : plus les ordinateurs sont rapides et connectés en haut débit, plus nous voulons que la machine réponde immédiatement à nos attentes. Cela nous rend de plus en plus intolérants aux bugs alors même qu'ils font partie de la nature de la matière calculée. Il manque encore une éducation à la versatilité numérique. Il faudrait apprendre à nos enfants à vivre avec les bugs et à essayer d'en accepter les effets et d'en contourner les préjudices – voire d'en tirer des bénéfices : il peut y avoir des bugs heureux comme parfois, dans la création, des hasards heureux. On connaît la célèbre mésaventure du peintre Apelle, rapportée par Sextus Empiricus :

> On dit que celui-ci [Apelle], alors qu'il peignait un cheval et voulait imiter dans sa peinture l'écume de

l'animal, était si loin du but qu'il renonça et lança sur la peinture l'éponge à laquelle il essuyait les couleurs de son pinceau ; or quand elle l'atteignit, elle produisit une imitation de l'écume du cheval [1].

De là vient l'expression « jeter l'éponge ». Le bug informatique peut s'apparenter à l'éponge du peintre Apelle : une heureuse surprise. À moins qu'il se rapproche de ce qui survient quand j'essaie d'enfoncer un clou. Avant de parvenir à l'enfoncer bien droit, il faut le reprendre en main, réajuster la trajectoire du marteau et recommencer. La matière calculée est semblable : elle ne produit pas toujours ses effets du premier coup. Il faut parfois la redémarrer ou la relancer. Imprévisible, elle introduit dans notre expérience du monde une phénoménalité de l'instable.

Le phénomène numérique est versatile. Telle est la cinquième caractéristique de l'ontophanie numérique.

22 – Réticularité : le phénomène numérique est « autrui-phanique »

Depuis une vingtaine d'années, le mot « réseau » est sur toutes les lèvres et sous toutes les plumes. On

1. Sextus Empiricus, *Esquisses pyrrhoniennes*, Paris, Le Seuil, 1997, I, [28], p. 71.

l'analyse sous tous les angles possibles [1], on lui trouve des origines inattendues [2], on en fait le nom de revues savantes [3] et, sous le nom fort érudit de « diktyologie », on cherche même à en faire une ontologie [4]. Pourtant, il faut bien le dire, c'est seulement avec les réseaux que l'on dit « sociaux », apparus au cours de la décennie 2000, que cet objet a révélé, longtemps après son invention, ses pleines potentialités [5].

Avec l'Internet, il n'est plus seulement question du « cyberespace » et de l'interconnexion des machines (comme au temps de la rêverie du virtuel), mais du lien social et de nos relations avec autrui – chacun peut le mesurer en observant ses propres usages sur Facebook, Twitter, LinkedIn ou Instagram. L'Internet, comme le souligne le sociologue Antonio Casilli, « c'est l'espace où l'on échange des mails, où l'on chatte avec ses amis, où l'on partage de la musique et des photos avec des inconnus. Et cette communication est, justement, un fait social,

1. Daniel Parrochia (dir.), *Penser les réseaux*, Seyssel, Champ Vallon, 2001.

2. Pierre Musso, *Critique des réseaux*, Paris, Puf, 2003.

3. Fondée en 1983, la revue *Réseaux* s'intéresse à l'ensemble du champ de la communication en s'axant tout particulièrement sur les télécommunications (en ligne : http://www.cairn.info/revue-reseaux.htm).

4. P. Mathias, *Qu'est-ce que l'Internet ?*, *op. cit.*, p. 25.

5. Au sens de l'authenticité technique selon Pierre-Damien Huyghe, « Le devenir authentique des techniques », art. cit.

assisté et façonné par les ordinateurs[1] ». À ceci près que, de nos jours, nous le faisons autant et même beaucoup plus avec des personnes connues que des inconnus.

Ce qui nous intéresse ici n'est pas tant l'analyse sociologique des pratiques que la signification philosophique d'un lien social « façonné par les ordinateurs ». À l'heure du système technique numérique et de l'appareillage aux interfaces, le lien social n'échappe pas au constructivisme phénoménotechnique. Par là, il faut entendre que les modalités du lien social sont historiquement et techniquement conditionnées a priori. Pour un individu, les liaisons sociales activables au sein d'un groupe dépendent des appareils qui permettent de les actionner et, en les actionnant, de les phénoménaliser, d'une manière qui porte l'empreinte ontophanique de ces appareils. Selon le système technique dans lequel nous vivons, nous n'élaborons donc pas la même culture ontophanique de la relation à autrui, parce que les appareils qu'il est nécessaire de mobiliser pour établir cette relation ne sont pas les mêmes.

Certes, à l'origine de la vie psychique, à l'âge où le monde n'existe pas encore, nul besoin d'un appareil – sinon l'appareil psychique – pour qu'une relation à l'autre existe car, comme l'enseigne le psychanalyste Serge Lebovici non sans heurter le sens commun

1. A. A. Casilli, *Les Liaisons numériques : vers une nouvelle sociabilité ?*, *op. cit.*, p. 8.

philosophique, « l'objet est investi avant d'être perçu [1] ». Mais à l'âge adulte, dans le domaine des relations sociales (celles qui, parce qu'elles ne sont pas intimes, ne sont pas trop marquées de survivances psychiques infantiles), reconnaissons qu'il y a toujours un dispositif technique entre autrui et moi, sans lequel il ne serait tout simplement pas possible d'établir le contact. Qu'il s'agisse de la table de restaurant qui crée les conditions spatiales du face-à-face, du téléphone qui crée les conditions sonores d'une parole sans face-à-face ou des réseaux sociaux en ligne qui créent les conditions interactives d'une liaison pouvant être à la fois sans parole et sans face-à-face, la relation à autrui est toujours, dans sa phénoménalité même, techniquement conditionnée. Autrement dit, en tant que composante de mon expérience du monde, le lien social tout entier est le fruit d'une coulée phénoménotechnique. Antonio Casilli s'en rapproche, lorsqu'il écrit :

> Les structures d'une société en ligne ne se limitent pas à calquer fidèlement les logiques et les processus sociaux que nous pouvons observer une fois l'ordinateur éteint. Le Web promeut de nouvelles manières de vivre en société dont l'impact, du fait de l'omnipré-

1. S. Lebovici, cité par Sylvain Missonnier, « Une relation d'objet virtuelle ? », *Le Carnet psy*, n° 120, 7/2007, p. 43-47 (en ligne : http://www.cairn.info/revue-le-carnet-psy-2007-7-page-43.htm).

sence des réseaux, finit par dépasser les milieux des usagers et par devenir une marque de notre époque [1].

Le lien social à l'heure numérique est donc bien « façonné par les ordinateurs », d'une manière qui fait époque. En tant qu'appareils ontophaniques, les machines numériques offrent une forme où se coulent nos relations, tout comme le proposaient, selon d'autres modalités, les machines mécanisées d'hier.

La réticularité du phénomène numérique n'est donc pas seulement un fait technique d'interconnexion ; c'est un fait phénoménotechnique d'ontophanisation. Comme autrefois le téléphone, l'Internet engendre une nouvelle ontophanie d'autrui, ce que nous pourrions appeler, en jouant sur les mots, une « autrui-phanie ». Grâce aux interfaces numériques mobiles des années 2000, qui font du réseau une réalité ubiquitaire constante, autrui est potentiellement toujours là, dans ma poche, à portée de main. Le problème n'est pas alors de savoir si, à l'heure des appareils numériques, nous souffrons d'hyper-présence et si nous sommes devenus incapables de solitude [2]. La solitude est avant tout, comme chacun sait, une disposition psychique qui peut s'activer n'importe où, y compris en famille ou dans le métro, au milieu des foules les plus compactes. La question

1. A. A. Casilli, *Les Liaisons numériques…*, *op. cit.*, p. 229-230.
2. S. Turkle, *Alone Together: Why We Expect More from Technology and Less from Each Other*, New York, Basic Books, 2012.

est plutôt de savoir combien de temps il nous faudra pour achever de nous accoutumer à l'ontophanie numérique de l'hyper-présence, tout comme nous nous sommes accoutumés, au milieu du XXe siècle, à l'ontophanie téléphonique de la télé-présence. Car, comme les précédentes, la nouvelle ontophanie d'autrui deviendra bientôt banale et naturelle, sans que plus personne n'y voie malice ou problème.

Telle est la leçon de l'histoire des techniques. Il en résulte que l'opposition entre une sociabilité en ligne et une sociabilité hors ligne n'a fondamentalement aucune raison d'être : à toutes les époques historiques et dans tous les systèmes techniques, nous avons toujours été en relation avec autrui à l'aide d'intermédiaires phénoménotechniques. Il n'existe pas de modalités techniques plus vraies ou plus fausses lorsqu'il s'agit d'être en relation avec les autres. Mes amis ne sont pas moins vrais ou réels lorsque je discute avec eux sur Facebook que lorsque je dîne avec eux à la maison. Plutôt que de succomber à la rêverie du virtuel, qui conduit à envisager la sociabilité en ligne comme irréelle, il faut simplement accepter l'idée que nos modalités d'interaction sociale ont été, grâce aux technologies numériques, augmentées de nouvelles possibilités opérationnelles, sans que cela annule ou remplace les précédentes. Le sociologue du XXIe siècle, par des voies différentes, parvient à la même conclusion :

> Pour ses usagers, la socialité d'Internet ne se substitue pas aux rapports de travail, de parenté, d'amitié.

> Elle se cumule avec eux. Les technologies numériques ne représentent donc pas une menace pour le lien social. Elles en constituent des modalités complémentaires [1].

Ainsi, selon l'importance ou la fonction que nous souhaitons donner à nos relations, nous pouvons désormais convoquer autrui dans le champ de notre expérience-du-monde à travers une gamme variée de modalités ontophaniques : le dialogue en face-à-face, la parole téléphonique, l'écriture distante par service de messagerie (SMS), l'échange d'idées en public (Twitter), le partage d'images photographiques (Instagram), le réseautage profilé (Facebook, LinkedIn), etc. À l'heure du système technique numérique, nous vivons par conséquent une expérience du monde plus que jamais augmentée, dans laquelle les possibilités d'être en relation avec autrui n'ont jamais été aussi riches et variées. Si le phénomène numérique est un phénomène en réseau, c'est donc avant tout au sens phénoménotechnique où il révolutionne les conditions d'apparition d'autrui dans le champ de l'expérience. Le réseau est la matrice ontophanique des nouvelles formes du lien social, la nouvelle structure techno-transcendantale de la sociabilité.

Le phénomène numérique est un phénomène autrui-phanique. Telle est la sixième caractéristique de l'ontophanie numérique.

1. A. A. Casilli, *Les liaisons numériques*, *op. cit.*, p. 325.

23 – Reproductibilité instantanée : le phénomène numérique est copiable

Bien qu'elle ait déchaîné ces dernières années les passions juridiques et politiques (débat sur la loi HADOPI en France, polémiques sur le traité ACTA dans le monde), la reproductibilité instantanée de la matière calculée ne semble guère avoir retenu l'attention des penseurs, sans doute trop préoccupés à la rêverie du virtuel. Pourtant, voilà une propriété non seulement inédite dans l'histoire des matériaux mais, du point de vue phénoménologique, encore plus prodigieuse que la virtualité. De quoi s'agit-il ? Tout simplement de la possibilité technique effective d'engendrer instantanément un nombre potentiellement infini de copies d'un même élément, image, son, livre, peu importe : pour le processeur, il ne s'agit que de suites discrètes de 0 et 1.

Chacun en fait une expérience simple et immédiate lorsqu'il envoie un courrier électronique. Imaginons que vous disposiez d'une version PDF de l'*Odyssée* d'Homère et que vous l'envoyez par e-mail à 100 personnes. En moins d'une seconde, cet exemplaire est reproduit 100 fois dans son intégralité et distribué 100 fois à 100 destinataires, eux-mêmes situés en 100 lieux différents du globe, par-delà montagnes et océans. Si l'on avait pu montrer une telle puissance de transmission à Johannes Gutenberg, Peter Schöffer, Nicolas Jenson et quelques autres maîtres de l'art typographique du XVe siècle, on ne sait trop dire s'ils auraient été exaltés ou désemparés. Pensons au temps nécessaire, à leur époque, pour composer le texte d'une seule page et parvenir, au bout de long mois, à quelques dizaines d'exemplaires.

Aujourd'hui, des millions de téléchargements de contenus se produisent chaque jour dans le monde. La facilité inouïe avec laquelle il est possible de reproduire un contenu numérique est telle qu'il est impossible pour les usagers d'y renoncer. Et ceci est irrémédiable : on ne peut revenir à la poste à cheval quand on a goûté au courrier électronique. C'est pourquoi la refonte du droit d'auteur n'est pas seulement souhaitable, mais inévitable. Ce qui se joue là va bien au-delà des intérêts financiers des industries créatives. Ce qui est en jeu, c'est l'expérience-du-monde-possible en matière artistique et culturelle. Les usagers ont maintenant la possibilité de vivre l'art et la culture d'une manière qui augmente à ce point leurs possibilités d'existence qu'ils ne pourront jamais revenir en arrière.

Prenons l'exemple de l'iPod, que certains ont osé appeler « *the perfect thing* [1] ». L'iPod a tout changé dans l'expérience-de-vivre la musique : d'abord, en tant qu'objet embarqué dans la poche permettant d'emporter avec soi toute sa médiathèque person-

1. Steven Levy, *The Perfect Thing: How the iPod Shuffles Commerce, Culture and Coolness*, New York, Simon & Schuster, 2006.

nelle ; ensuite, en tant qu'application embarquée dans l'iPhone reliée à un service de téléchargement continu permettant d'accéder, en tout point de la Terre, à la somme totale de la musique mondiale disponible. Dès lors, l'iPod est bien un dispositif phénoménotechnique, c'est-à-dire une forme où se coule notre expérience de la culture. Il transforme notre expérience-du-monde en engendrant une nouvelle ontophanie : l'ubiquité musicale totale. La musique est partout, à tout moment, et le monde devient, si l'on ose dire, une planète musicalement assistée (preuve supplémentaire, s'il en fallait, que la musique est un art majeur de notre époque). Les conséquences sont nombreuses, tant dans l'espace privé, où le volume spatial nécessaire au stockage de la musique est réduit à un petit appareil tenant dans la main, que dans l'espace urbain, où l'écoute nomade touche toutes les générations.

À lui seul, l'iPod incarne le paradigme ontophanique de la consommation culturelle à l'heure du système technique numérique. Parce qu'ils tendent tous à devenir des flux numériques en réseau, les biens culturels et les œuvres de l'esprit acquièrent une nouvelle phénoménalité, faite de légèreté, de fluidité, d'ubiquité. Grâce à cette nouvelle ontophanie de l'art (et du savoir), non seulement notre expérience culturelle du monde se trouve enrichie et augmentée, mais surtout facilitée et simplifiée. Combien d'entre nous, écrasés par des emplois du temps surchargés, n'ont plus le temps d'aller acheter de la musique chez des disquaires par ailleurs en voie de disparition et préfèrent, grâce à l'iPod, faire venir jusqu'à eux sans effort la musique qu'ils aiment, mais aussi les « podcasts » de leurs émissions de radio préférées, les meilleurs « replays » des émissions de télévision, sans parler des livres numériques et autres contenus pédagogiques ou savants ? L'iPod nous a fait entrer dans la culture ubiquitaire totale. Avec lui, c'est l'ensemble de la richesse culturelle produite qui devient disponible à chaque instant de notre expérience-du-monde. Rien d'aussi grand, sans doute, ne s'était produit depuis l'invention de l'imprimerie.

Le phénomène numérique produit de l'être instantanément reproductible, telle est la septième caractéristique de l'ontophanie numérique.

24 – Réversibilité : le phénomène numérique est annulable

Depuis l'Antiquité, les philosophes n'ont cessé de nous rappeler que nous sommes mortels et que l'existence humaine est par essence tragique. La mort des êtres vivants est programmée génétiquement, c'est une loi de la nature. À son fils Hamlet qui refuse de l'accepter, la reine Gertrude tente de le rappeler :

> *Thou know'st 'tis common; all that lives must die, Passing through nature to eternity*[1].

Tout ce qui vit doit mourir un jour. Et ce n'est pas seulement vrai des êtres vivants. « Toutes choses naissent et meurent[2] », disait Héraclite. L'univers physique tout entier est soumis à l'entropie, c'est-à-dire au désordre croissant. La mort n'est que l'illustration, à l'échelle du vivant, de l'irréversibilité foncière de l'Univers. Dans un film de 2009, *Whatever Works*, Woody Allen en donne une plaisante illustration lorsqu'il fait dire au personnage principal – ce génie de la physique qui a raté son mariage, son prix Nobel et même son suicide – que l'entropie de l'Univers, au fond, c'est qu'on ne peut pas remettre le dentifrice dans le tube.

L'une des modalités ontophaniques les plus fascinantes que le phénomène numérique introduit dans notre expérience-du-monde, c'est précisément la possibilité de revenir en arrière. Non pas simplement comme au cinéma, lorsqu'on rembobine la pellicule pour revoir une scène qui sera mécaniquement et invariablement la même. Mais plutôt comme dans un jeu vidéo, lorsqu'on revient à une étape précédente pour « reprendre la partie » et qu'on peut alors inventer interactivement de nouveaux scénarios. Mathieu

1. William Shakespeare, *Hamlet*, I, 2 : « Tu le sais, c'est la règle commune ; Tout ce qui vit doit mourir, emporté par la nature dans l'éternité. »

2. Héraclite, *Fragments*, B I.

Triclot souligne avec justesse combien cette réversibilité de l'expérience, tout à fait inédite, procure « un plaisir spécifique et gigantesque, celui de pouvoir reprendre et répéter sans entraves une séquence jusqu'à ce qu'elle donne satisfaction [1] ». Et ce plaisir est un plaisir numérique :

> Le jeu vidéo autorise un plaisir inédit, qui est intimement lié à la machine informatique, à la confrontation à un univers engendré par le calcul [2].

En effet, avant le système technique numérique, jamais il n'avait été possible pour un être humain de vivre des choses entièrement réversibles. Ce n'est pas seulement le cas avec les jeux vidéo, qui constituent en quelque sorte la forme maximale de l'expérience interactive. Tout le monde l'expérimente sans cesse, fût-ce de manière minimale, dans le quotidien des interfaces : au pays de la matière calculée, il est toujours possible d'annuler. Ctrl-Z ou -Z, Annuler-Refaire (Undo-Redo), telle est la double action la plus célèbre de l'informatique, à laquelle nous sommes déjà tellement accoutumés que nous regrettons parfois, comme par réflexe, de ne pas pouvoir en disposer dans le monde physique classique [3].

1. M. Triclot, *Philosophie des jeux vidéo*, *op. cit.*, p. 21.
2. *Ibid.*, p. 22.
3. *Ibid.*, p. 21 : « Pour toucher du doigt la nature de ce plaisir, il suffit de se demander ce que serait le grand monde, celui qui nous entoure, s'il était pourvu des touches F5/F9, de la possibilité de recommencer. »

Peu importe ce que l'on annule : la frappe d'un caractère, l'envoi d'un courriel, le traitement par lots de plusieurs milliers d'images, le détourage à la plume d'une chevelure dans un logiciel de retouche photographique, etc. Pour le processeur, il s'agit seulement d'exécuter une suite de 0 et 1 parmi d'autres. Mais pour l'usager, sur le terrain de la réception phénoménologique, l'événement est de taille et quasi surnaturel : il ne s'agit de rien moins que l'annulation de l'irréversibilité fondamentale du monde physique auquel nous appartenons. Voilà sans doute l'une des raisons particulières, propre à l'objectivité technique de la matière calculée, qui a contribué à entretenir l'illusion, sous le nom de virtuel, que les mondes numériques n'étaient pas tout à fait réels. Car l'irréversibilité n'est pas un comportement naturel, c'est-à-dire conforme aux lois de la physique. Rien, dans l'Univers, n'est réversible, sinon (en apparence) le phénomène numérique. Et ce phénomène numérique, quelle qu'en soit la réception phénoménale, est bien une réalité physique objective : une suite de 0 et 1 électroniquement exécutés sur une puce de silicium.

Il faut le reconnaître, le phénomène numérique, en introduisant dans le champ de notre expérience la possibilité effective de l'annulation, introduit du même coup une nouvelle phénoménalité : l'ontophanie de la réversibilité. Contraire à tout ce à quoi l'humanité a été habituée sur le plan perceptif pendant des siècles, celle-ci est trop inouïe pour ne pas provoquer en nous une secousse phénoménologique – que les uns et les autres vivent plus ou moins bien. Nous ne sommes pas habitués à ce que les choses puissent être à ce point contingentes. Nous sommes plutôt habitués à traiter avec une part irréductible de nécessité. Certaines choses, les stoïciens nous l'ont appris, ne dépendent pas de nous et, par conséquent, ne peuvent pas être autrement qu'elles sont. Mais, dans les mondes numériques, le stoïcisme ne tient pas : certes, les choses sont ce qu'elles sont (elles ont même leur propre déterminisme), mais elles peuvent à chaque instant être autre chose que ce qu'elles sont, parce qu'elles sont réversibles.

Faut-il y voir un danger ? Une occasion inquiétante de perdre la conscience de la finitude de l'existence et de l'irréversibilité fondamentale de l'être ? Non. Comme à toutes les époques historiques, l'humanité est simplement confrontée à un nouvel apprentissage ontophanique. Quel que soit le vertige que procure l'ontophanie numérique, il s'accomplira comme les autres et l'humanité assimilera la culture ontophanique de la réversibilité, en trouvant la bonne distance à laquelle la situer au sein de notre expérience-du-monde. Certes, comme dans un rêve d'éternité ou un désir d'immortalité, on aimerait parfois que le monde soit tout entier réversible comme l'est la matière calculée.

Mais seul le phénomène numérique est réversible. Telle est la huitième caractéristique de l'ontophanie numérique.

25 – Destructibilité : le phénomène numérique peut être néantisé

À l'heure de la transition énergétique et du réchauffement climatique, nous comprenons plus que jamais combien l'innovation industrielle ne repose pas seulement sur notre capacité à inventer de nouveaux matériaux pour les produire en grandes quantités, mais peut-être plus encore sur notre capacité, une fois qu'ils sont produits, à les transformer en déchets capables de disparaître. Le cas des matériaux nucléaires, dont la période radioactive atteint parfois plusieurs millions d'années, est édifiant. Aussi la manière dont la matière calculée est, du point de vue du « monde vécu » de l'usager, naturellement capable de se désintégrer ne saurait-elle laisser indifférent et constitue-t-elle une autre caractéristique inouïe du phénomène numérique.

Certes, les appareils électroniques et les composants toxiques qu'ils enferment représentent une masse inquiétante de déchets. Comme le rappelait John Thackara en 2005, « la quantité de déchets générée par la fabrication d'un simple ordinateur portable est presque 4 000 fois supérieure au poids qu'il pèse sur nos genoux [1] ». Néanmoins, si l'on se concentre sur la réalité strictement phénoménale de

1. J. Thackara, *In the Bubble. De la complexité au design durable* (2005), Saint-Étienne, éd. Cité du Design, 2008, p. 22.

la matière calculée, on ne peut qu'être frappé de la manière dont elle est capable de s'évanouir, pour ainsi dire sans laisser de traces. Il suffit d'une panne de courant électrique pour que tout ce qui n'avait pas été enregistré en mémoire disparaisse littéralement du champ de la réalité et irréversiblement (car le phénomène numérique, tout réversible qu'il est, reste néanmoins rattaché à l'irréversibilité fondamentale du monde physique). Où sont alors passées toutes ces lignes de texte que nous avions écrites ou ces images que nous étions en train de retoucher ? Elles n'étaient qu'une suite discrète de 0 et 1 en instance d'enregistrement. Elles se sont volatilisées à l'instant même où le courant électrique a cessé de traverser les millions de transistors du microprocesseur. Elles ont disparu.

En principe, il n'existe aucun matériau capable, dans sa réalité physique, de disparaître ainsi, sans laisser de traces, en s'effaçant purement et simplement du champ de la réalité. Nous l'avons tous appris à l'école : l'eau portée à ébullition ne disparaît pas, elle se transforme en vapeur. Même le texte que j'écris à la craie au tableau noir laisse des traces : si je l'efface avec la brosse, il se transforme en poussière déposée sur mes doigts. À la suite d'Anaxagore de Clazomènes, Lavoisier en a d'ailleurs fait un principe fondamental de la science physique : « Rien ne se perd, rien ne se crée, tout se transforme. » Dans un passage célèbre de son *Traité élémentaire de chimie*, il écrit :

> Rien ne se crée, ni dans les opérations de l'art, ni dans celles de la nature, et l'on peut poser en principe que, dans toute opération, il y a une égale quantité de matière avant et après l'opération ; que la qualité et la quantité des principes est la même, et qu'il n'y a que des changements, des modifications [1].

À l'heure numérique, ce principe n'est plus vrai. Après une coupure de courant, la quantité de matière calculée non enregistrée présente dans la mémoire vive d'un ordinateur disparaît littéralement, sans se transformer. Cela n'est-il pas ébouriffant ? A-t-on jamais vu une matière avoir l'audace de se comporter de la sorte ? Que signifie cette phénoménologie inouïe de la disparition ?

Prenons un autre exemple, encore plus banal, que chacun a déjà expérimenté des centaines de fois (même s'il est techniquement plus complexe qu'il paraîtra ici) : lorsque, tranquillement installé devant mon écran, je « supprime » un fichier de mon ordinateur ou de mon disque dur externe, que se passe-t-il ? Où est passé le fichier supprimé ? Est-il transformé ou bien a-t-il disparu ? Les sceptiques diront qu'il se transforme parce qu'il se déplace dans la Corbeille du système. Certes. Mais si je vide la Corbeille ? Que devient-il ? Est-il évacué dans les canalisations ?

1. Antoine-Laurent Lavoisier, *Traité élémentaire de chimie* (1789), in *Œuvres de Lavoisier*, éd. J.-B. Dumas, E. Grimaux et F.-A. Fouqué, Paris, Impr. impériale, tome I, 1864, p. 101 (en ligne : http://www.lavoisier.cnrs.fr/).

Où est la fumée ? Où sont les cendres ? Inutile de chercher des traces : cette fois, le fichier a réellement disparu, du moins au niveau phénoménal vécu par l'usager. Il ne s'est pas transformé, il n'a pas changé d'état, il n'existe plus. Il faut mesurer l'événement dans toute sa puissance ontophanique, voire ontologique : il y a là, du point de vue du monde vécu, un glissement instantané et presque miraculeux de l'être vers le néant ! Sans autre forme de procès. Tout au plus un petit son amical a-t-il été émis par le système pour nous confirmer l'opération. A-t-on jamais observé pareil phénomène ? A-t-on jamais connu, dans l'histoire des sciences et des techniques, des réalités physiques capables de disparaître sans laisser de traces visibles ?

Jean-Pierre Séris affirme qu'« il y a plus dans la technique elle-même que dans tout ce que les philosophies au goût du jour ont articulé à son propos [1] ». S'agissant des technologies numériques, c'est encore plus vrai. Car dans les ordinateurs, non seulement il se cache des phénomènes que les misotechniciens n'ont pas vu, mais il se produit surtout des événements ontologiques inouïs, qui interrogent les principes les plus anciens et les plus assurés de la science. Peut-on imaginer une coulée au coke dans un haut-fourneau sans dégagement de fumée ? Peut-on imaginer une centrale nucléaire sans déchets atomiques après la fission des noyaux ? Non. En revanche,

1. J.-P. Séris, *La Technique*, *op. cit.*, p. 378.

point n'est besoin d'imaginer ce que serait une suppression de 10 gigaoctets de données numériques sans qu'il n'en reste rien : il suffit de débrancher votre ordinateur au mauvais moment, ça lui prendra quelques secondes.

La matière calculée est décidément un matériau bien étrange. Elle introduit dans le champ de notre expérience-du-monde une ontophanie de la disparition à laquelle, peu à peu, nous nous accoutumons. Plutôt que de succomber à la rêverie de l'irréel, nous devenons ainsi progressivement capables d'accepter, même si c'est parfois à nos frais, qu'une matière puisse se volatiliser.

Le phénomène numérique est autodestructible. Telle est la neuvième caractéristique de l'ontophanie numérique.

26 – FLUIDITÉ : LE PHÉNOMÈNE NUMÉRIQUE EST THAUMATURGIQUE

Reproductibilité instantanée, réversibilité, autodestructibilité, ces trois dernières caractéristiques permettent d'en dégager une autre : le phénomène numérique est doté d'une puissance pseudo-surnaturelle et pseudo-miraculeuse. En effet, tout ce que nous pouvons faire avec la matière calculée semble facile et léger, immédiat et simple. Avec la messagerie instantanée, nous avons non seulement aboli les distances, mais surtout la lourdeur et la pénibilité des procédures anciennes. Sans doute cela a-t-il trait au progrès technique en général, comme le montre l'histoire des techniques du transport : de la diligence au TGV, nous avons gagné en rapidité, en confort, en efficacité. Mais avec le phénomène numérique, ce n'est pas seulement en efficacité que nous avons gagné. Nous avons gagné en souplesse, en aisance, en légèreté. Non seulement nos courriels sont envoyés et acheminés bien plus vite que le courrier postal, mais il est beaucoup plus facile, plus immédiat et plus simple de rédiger et d'envoyer un message. Là où, naguère, un effort était à fournir (se munir d'un papier et d'un stylo, trouver une surface plane et solide sur laquelle se poser, s'appliquer avec la main à former les lettres lisiblement, plier et mettre sous pli, timbrer, se déplacer pour trouver une boîte aux lettres, attendre l'acheminement...), tout est plus aisé et instantané. Nul besoin d'attendre d'être rentré chez soi ou arrivé au bureau. Dans le bus, dans la rue, sur la plage, il se suffit de tapoter furtivement sur son clavier mobile et le message est simultanément et instantanément mis sous pli, timbré, placé dans la boîte d'envoi et acheminé, en un clic. Yann Leroux en parle ainsi :

> Avec le numérique, tout glisse : j'écris, et les lettres apparaissent successivement sur mon écran. Je me trompe et je les efface sans difficulté. Il n'y a pas

grand effort à faire pour écrire, et il est le même pour l'effacement. Cela est unique : souvenons-nous de nos cahiers d'écolier, du plaisir du stylo qui glisse et de l'effaceur qui efface sans (presque) laisser de traces [1].

C'est ce que nous appelons la thaumaturgie numérique, cette phénoménologie pseudo-miraculeuse où les choses ont perdu leur pesanteur ancienne pour devenir légères et fluides, cette phénoménalité douce où les choses sont plus aériennes et plus déliées, se pliant comme par magie à nos attentes et nos désirs, sans la résistance d'autrefois. Philippe Quéau a saisi très tôt cet aspect du phénomène numérique, lorsqu'il s'est intéressé aux images virtuelles :

> La réalité, précisément, c'est ce qui nous résiste. Le monde réel ne dépend pas de nous. [...] Qu'est-ce que le virtuel ? C'est, semble-t-il, tout le contraire. Il ne résiste pas, il se fait liquide, gazeux à nos désirs [2].

Être à l'état gazeux : c'est cela, être en ligne ou vivre dans les interactions à l'heure des interfaces numériques. C'est entrer dans une nouvelle ontophanie de la procédure, au sens où notre expérience-du-monde est une somme de procédures, c'est-à-dire d'actions accomplies ou à accomplir. Aujourd'hui, tout ce qui peut être accompli l'est par des voies

1. Y. Leroux, « En lisant Stéphane Vial », *Google Groupes*, « Mondes numériques », 8 mai 2009 (en ligne : https://groups.google.com/d/topic/mondes-numeriques/tjuF4MSshTg/discussion).
2. P. Quéau, *Le Virtuel...*, *op. cit.*, p. 42.

numériques. Par conséquent, tout ce qui peut être accompli l'est de manière plus légère et fluide – que ce soit l'envoi de messages, la réservation de billets d'avion, l'achat de musique, le paiement de factures, la déclaration d'impôt, la retouche photographique, l'édition de livres… Avec le numérique, toutes les procédures de l'existence sont plus simples et plus aisées.

Cette manière de « vivre à l'état gazeux » nous a conduits précédemment à considérer qu'une expérience interactive consistait en un « détachement du corps [1] ». Mais dans la mesure où l'ontophanie numérique affecte globalement le corps des choses (c'est-à-dire la présence phénoménologique des choses mêmes), ce n'est peut-être pas exactement d'un détachement du corps qu'il s'agit. À toutes les époques, quel que soit le système technique, nous avons toujours un corps et ne le quittons jamais, quelles que soient les technologies que nous utilisons. Lorsque nous sommes en ligne, nos corps ne sont pas absents. Comme l'a montré Antonio Casilli, « les communications sur Internet […] grouillent de "traces corporelles" [2] », c'est-à-dire de représentations du corps, qu'elles soient monodimensionnelles (noms d'utilisateur, smileys, pokes), bidimensionnelles (avatars 2D, photographies, biographies et profils) ou tridimensionnelles (avatars 3D, personnages virtuels) : les interfaces numériques ne nous

1. S. Vial, « Il était une fois "pp7"», art. cit., p. 64.
2. A. A. Casilli, *Les Liaisons numériques…*, *op. cit.*, p. 123.

privent pas de notre corps mais elles en modifient l'ontophanie, la manière dont il apparaît. Quand je suis face à une interface, je ne suis pas privé de l'expérience de mon corps propre, mais je m'intéresse davantage aux représentations que j'en donne en ligne. C'est mon univers psychique qui est avant tout sollicité par l'interface, au point que nous avons pu parler d'« accélération psychique [1] » ; mais, ce faisant, mon corps participe encore à la phénoménologie du monde dont je fais l'expérience par voie numérique, « ne serait-ce que par les photons qui viennent frapper [ma] rétine [2] » ou, dans les nouvelles consoles de jeux à interface gestuelle, par toute une gamme de mouvements corporels incarnés dans l'espace.

Par conséquent, conformément à la leçon phénoménotechnique, ce n'est pas dans le corps mais bien dans le dispositif qu'il faut rechercher ce qui fait le propre de la procéduralité numérique du monde. Et si détachement il y a, plutôt que d'un détachement d'avec le corps, c'est d'un détachement d'avec la résistance des choses qu'il s'agit, quoique celle-ci est traditionnellement associée aux corps et à la matérialité... Le phénomène numérique libère d'une part importante de la capacité de la réalité à nous résister. Voilà à quoi tient la thaumaturgie numérique, cette ontophanie pseudo-miraculeuse de la procédure

1. S. Vial, « Il était une fois "pp7" », art. cit., p. 64.
2. P. Quéau, *Le Virtuel...*, *op. cit.*, p. 15.

fluide, qui fait du monde et de l'expérience que nous en faisons quelque chose de plus léger et de plus aisé. En ce sens, ce n'est peut-être pas un hasard si, dans un ouvrage récent, Joël de Rosnay choisit de caractériser la société liée au monde numérique comme une « société fluide [1] ».

Le phénomène numérique est donc bien comme un roi thaumaturge : il accomplit des miracles ou, plus simplement, fait des merveilles. Telle est la dixième caractéristique de l'ontophanie numérique.

27 – LUDOGÉNÉITÉ : LE PHÉNOMÈNE NUMÉRIQUE EST JOUABLE

Le jeu vidéo est un objet numérique total. Il réunit en un seul dispositif l'art et la technique de la narration, du graphisme, de l'image en mouvement, de la musique, mais aussi de l'interactivité, de la simulation, de la réversibilité ou de la réticularité. Après des décennies d'évolution, on peut dire qu'il est l'un de ces objets qui réalisent pleinement les « potentialités authentiques [2] » de la technologie

1. J. de Rosnay, *Surfer la vie : comment survivre dans la société fluide*, Paris, Les Liens qui Libèrent, 2012.

2. Pierre-Damien Huyghe, « Le devenir authentique des techniques », art. cit.

numérique. Depuis les jeux d'arcade des années 1970 jusqu'aux jeux de rôle en ligne des années 2000 en passant par les consoles de salon des années 1980-1990 [1], son histoire spectaculaire est non seulement celle de la naissance de la plus grande industrie culturelle du monde [2], mais aussi (et surtout) celle de la montée en puissance du phénomène ludique. Le jeu vidéo exporte de plus en plus ses codes et sa culture, aussi bien dans les autres ensembles et filières du système technique numérique que dans les pratiques sociales les plus diverses. C'est ce qu'on appelle la *gamification*, terme anglais (l'article anglophone dans Wikipedia date de l'automne 2010 [3] et sa version francophone du printemps 2011 [4]) désignant l'ensemble des « dispositifs connectés [qui] permettent de transposer les mécaniques du jeu à l'ensemble de la vie quotidienne [5] ». Quoiqu'elle s'observe dans la consommation en ligne, la communication, la publicité ou encore la formation professionnelle, la gamification fait l'objet de sérieuses critiques, dans la mesure où elle

1. Voir M. Triclot, *Philosophie des jeux vidéo*, *op. cit.*

2. Source : Syndicat national du jeu vidéo, « Le jeu vidéo en France en 2011 : éléments clés » (en ligne : http://www.snjv.org/data/document/jeu-video-france-2011.pdf).

3. Wikipedia, « Gamification » (en ligne : http://en.wikipedia.org/wiki/Gamification).

4. *Id.*, « Ludification » (http://fr.wikipedia.org/wiki/Ludification).

5. M. Triclot, *Philosophie des jeux vidéo*, *op. cit.*, p. 231.

tend à transposer dans nos vies la seule systématique formelle des jeux (*games*), comme le fait de gagner des points (« pointification [1] »), sans engendrer nécessairement de fun, c'est-à-dire de plaisir ludique authentique (*play*).

C'est probablement l'une des raisons pour lesquelles Sébastien Genvo a choisi de parler de « ludicisation [2] » du numérique pour désigner, non pas les techniques à la mode de gamification, mais le fait que des dispositifs numériques toujours plus nombreux stimulent notre « attitude ludique » alors même qu'ils ne sont pas (ou ne se présentent pas comme) des jeux vidéo. Notre époque est de plus en plus attirée par l'amusement et l'enjouement, soit par des formes ludiques d'existence qui reposent principalement – et sans cesse plus – sur des appareils numériques, sans qu'il s'agisse nécessairement de jeux vidéo. Avec la ludicisation, « le jeu sur support informatique ne peut plus se résumer aujourd'hui aux productions identifiées comme étant issues de l'industrie vidéoludique » : nous sommes face à de « multiples mises en forme du ludique [3] ». Facebook en est un bon exemple : voilà un dispositif numérique dans lequel les utilisateurs ont de

1. *Ibid.*, p. 234.

2. S. Genvo, « Penser les phénomènes de "ludicisation" du numérique. Pour une théorie de la jouabilité », *Revue des sciences sociales*, 2011, n° 45, « Jeux et enjeux », p. 69.

3. *Id.*

nombreuses occasions d'éprouver un plaisir ludique authentique mais qui n'est pas, par lui-même, un jeu vidéo (même s'il contient néanmoins des applications de type « jeux »).

Avec le recul historique, on peut d'ailleurs se demander si tout l'effort des ingénieurs et des designers depuis les débuts de la micro-informatique pour rendre les ordinateurs plus simples à utiliser ne représente pas un immense processus de ludicisation visant à les faire passer du statut de machines « programmables » à celui de machines « jouables ». Il est plus plaisant de cliquer sur des boutons que de taper des lignes de code au clavier (du moins, pour la plupart des gens).

Or, de l'aisance à la plaisance, il n'y a qu'un pas. Avec une interface, il suffit d'un rien pour que l'usager adopte un comportement de *player*, au sens où, en anglais – non sans une heureuse homonymie avec le terme français de « plaisir » –, le *play* désigne l'activité plaisante du jeu (en tant qu'expérience vécue), par opposition au *game*, qui se rapporte au système formel du jeu (en tant qu'ensemble de règles et de mécanismes) [1]. Dès lors, le fait de jouer commence dès l'instant où j'interagis avec mon environnement dans le seul but d'en retirer du plaisir. Jouer, c'est jouir. Dans un passage célèbre de l'*Esthétique*,

1. Voir M. Triclot, *Philosophie des jeux vidéo*, *op. cit.*, p. 24, mais aussi S. Genvo, « Penser les phénomènes de "ludicisation" du numérique », art. cit., p. 70-71.

alors qu'il s'interroge sur l'origine du besoin de l'art, Hegel illustre ainsi ce plaisir de l'interaction avec le monde extérieur qui est aux fondements de l'activité ludique (et artistique) :

> Ce besoin de modifier les choses extérieures est déjà inscrit dans les premiers penchants de l'enfant ; le petit garçon qui jette des pierres dans le torrent et admire les ronds qui se forment dans l'eau, admire en fait une œuvre où il bénéficie du spectacle de sa propre activité. Ce besoin revêt des formes multiples, jusqu'à ce qu'il arrive à cette manière de se manifester soi-même dans les choses extérieures, que l'on trouve dans l'œuvre artistique [1].

Le même phénomène se produit devant une interface numérique, quelle qu'elle soit. Tout comme on admire les ronds dans l'eau, le simple fait de voir comment se comporte une interface sous l'effet des interactions est spontanément ludique. Qui n'a jamais survolé le menu d'un site Web avec sa souris sans aucune intention de cliquer sur tel ou tel lien, mais simplement pour le plaisir de « voir ce que ça fait » ou de « voir ce qui se passe » ? Le sous-menu va-t-il simplement se dérouler vers le bas ? changer totalement de couleur ? s'ouvrir progressivement dans un effet de fondu animé ? ou encore provoquer une recomposition complète de la mise en page ? Pour le savoir, il faut essayer. Et l'essayer, c'est

1. Hegel, *Esthétique* (Introduction, III), trad. S. Jankélévitch, textes choisis par C. Khodoss, Paris, Puf, 2004, p. 22.

ludique. C'est ludique parce que c'est source de plaisir, un plaisir jouable que nous appelons à dessein un « playsir », car il existe une essence commune entre plaisir et jeu. En face d'une interface, l'adoption d'une attitude ludique est donc quasi immédiate et naturelle, tant il est vrai, comme le souligne Bernard Darras, que « les prouesses et performances "machiniques" sont à ce point fascinantes que leur usage, même aléatoire, est déjà source d'enchantement [1] ».

C'est pourquoi le numérique n'est pas seulement soumis à des processus de ludicisation, il est intrinsèquement *ludogène*, terme par lequel nous désignons le fait qu'il favorise spontanément l'attitude ludique et stimule notre aptitude à la jouabilité. D'où le succès chez l'enfant de tous les ordinateurs quels qu'ils soient : postes de travail, consoles, tablettes, smartphones, etc. Ce succès n'est pas seulement dû au pouvoir d'attraction de l'image (qui est aussi celui de la télévision), mais au pouvoir d'immersion de l'interactivité. Rien d'étonnant alors, puisque « l'occupation préférée et la plus intensive de l'enfant est le jeu [2] », que les interfaces numériques exercent sur lui une attraction particulière. Elles sont fondamentalement

1. B. Darras, « Ambition et création artistique assistée par ordinateur », dans B. Poirier et J. Sultan (dir.), *Faire / voir et savoir : connaissance de l'image, image et connaissance*, Paris, INRP, 1992, p. 89.

2. S. Freud, « Le créateur littéraire et la fantaisie » (1908), *L'Inquiétante Étrangeté et autres essais*, Paris, Gallimard, « Folio essais », 1988.

ludogènes[1]. De là provient que, sur le Web et les réseaux sociaux, s'est durablement installée une « culture du cool », faite de décontraction et de légèreté, où l'humour et le mot d'esprit – autres formes du jeu – sont très répandus et affectent tous les utilisateurs. Certes, les interfaces numériques peuvent aussi inhiber certains sujets. Mais si elles n'étaient pas foncièrement ludogènes, pourraient-elles retenir autant l'attention d'un chat, comme on le voit dans toutes ces vidéos postées sur Internet par des gens fascinés de voir leur félin jouer instinctivement avec un iPad ? Le jeu n'est pas le propre de l'homme, mais la jouabilité est le propre du numérique.

Par conséquent, non seulement « la jouabilité est essentielle à l'existence de tout phénomène ludique[2] », mais elle est une composante essentielle de tout phénomène numérique. Les appareils numériques sont ludogènes, au sens phénoménotechnique où ils coulent notre expérience-du-monde dans la jouabilité. C'est pour cette raison que nous vivons dans un monde toujours plus gamifié, ou « jouable » : non seulement parce que, à des fins commerciales,

1. Voir, en ligne, les diapositives de notre conférence intitulée « Pour introduire le "playsir" : pourquoi les appareils numériques sont ludogènes », *Jeu et Jouabilité à l'ère numérique*, colloque organisé par l'Université Paris 1 Panthéon Sorbonne, l'Institut ACTE (UMR 8218) et le Master Multimédia interactif (MMI), 8 décembre 2012, Paris (en ligne : http://goo.gl/r9VY3).

2. S. Genvo, « Penser les phénomènes de "ludicisation" du numérique », art. cit., p. 72.

les entreprises exploitent les codes de la culture vidéoludique, mais surtout parce que le phénomène numérique est ludogène en soi.

Telle est la onzième caractéristique de l'ontophanie numérique.

Chapitre 6

Le design (numérique) de l'expérience

> « Sans que nous nous en apercevions, un nouvel humain est né, pendant un intervalle bref, celui qui nous sépare des années 1970. Il ou elle n'a plus le même corps, la même espérance de vie, ne communique plus de la même façon, ne perçoit plus le même monde, ne vit plus dans la même nature, n'habite plus le même espace. »
>
> Michel Serres, *Petite Poucette* [1]

Depuis la fin du XXe siècle, nous apprenons à vivre au contact de la matière calculée. Ses propriétés inédites coulent notre expérience-du-monde possible dans de nouveaux prismes phénoménotechniques. Face à la phénoménalité des êtres numériques, ce que nous avions appris à considérer comme réel tombe en désuétude, nous obligeant à refaire l'apprentissage de la perception pour embrasser la nouvelle ontophanie du monde.

1. *Op. cit.*, p. 13.

Cet apprentissage au long cours a commencé autour des années 1970 et se poursuit à mesure que nous apprenons à « voir les choses sous l'angle des interfaces ». Aussi, parce que nous vivons une transition ontophanique, nous sommes mieux placés que jamais pour comprendre que la manière dont les choses apparaissent – l'ontophanie – détermine directement la nature de l'expérience que l'on peut en faire. Autrement dit, la qualité de notre expérience d'exister dépend des appareils qui nous entourent et de la manière dont, en tant qu'instruments phénoménotechniques, ils font le monde et nous le donnent. Dans ces conditions, celles et ceux qui ont la charge de concevoir ces appareils doivent être considérés comme philosophiquement responsables de l'expérience, c'est-à-dire de tout ce qui s'offre à être perçu, vécu, éprouvé. Aussi, l'ontophanie numérique n'est pas seulement une phénoménologie nouvelle : elle engage une phénoménologie créative, qui résulte d'un processus de fabrication.

28 – La fabrique de l'ontophanie

Si toute ontophanie est un résultat phénoménotechnique, alors toute ontophanie est chose fabriquée. Certes, dans le quotidien, les architectes, les ingénieurs et les designers n'ont pas le sentiment de fabriquer à proprement parler de l'ontophanie. Ils travaillent sur des espaces, des objets, des services, des interfaces. Mais, indirectement, ces espaces, ces objets, ces services, ces interfaces sont des opérateurs ontophaniques. Ils structurent notre expérience-du-monde possible. Par conséquent, les architectes, les ingénieurs, les designers et, plus généralement, tous les concepteurs ont une responsabilité philosophique : celle d'être des générateurs d'ontophanie ou des faiseurs d'être-au-monde. À leur insu ou non, ils décident de la phénoménalité des phénomènes, composent le cadre ontophanique de notre existence et, parce qu'ils travaillent sur « les qualités de l'expérience utilisateur [1] », choisissent quelles expériences-du-monde possibles sont accessibles.

Parce qu'exister ou être-dans-le-monde implique que le monde possède une forme qui puisse nous faire être. C'est pourquoi, depuis une quinzaine d'années, Peter Sloterdijk le définit comme une « sphère ». Par là, il entend un monde mis en forme : « Une sphère est un monde formaté par ses habitants [2] ». Dès lors, être-au-monde, c'est être-dans-une-sphère au sens où une sphère, sur le modèle de

1. Remy Bourganel, « Setting a Design Culture. Obstacles and Opportunities », présentation lors du WIF 2012, Festival international du design interactif, 29-31 mai 2012, Limoges.

2. P. Sloterdijk, « Foreword to the theory of Spheres » (octobre 2004), in *Cosmograms*, Melik Ohanian & Jean-Christophe Royoux (ed.), New York, Lukas & Sternberg, 2005, p. 232.

l'idée grecque de maison, implique une « appartenance réciproque » entre le lieu et ses habitants [1]. En d'autres termes, la sphère, c'est le « monde propre » (l'*Umwelt* selon Jacob von Uexküll) que nous nous créons par notre effort (technique) de mise en forme de l'espace « ek-sistentiel ». Commentant Sloterdijk, Bruno Latour l'explique ainsi :

> Tenter de philosopher sur ce qu'est « être jeté dans le monde » sans définir plus précisément, plus littéralement (Sloterdijk fait avant tout un usage littéral des métaphores) ces sortes d'enveloppes dans lesquelles les humains sont jetés, c'est comme tenter d'envoyer un cosmonaute dans l'espace sans combinaison spatiale. Les hommes nus sont aussi rares que les cosmonautes nus. Définir les humains, c'est définir les enveloppes, les systèmes de support de vie, l'*Umwelt* qui leur permet de respirer [2].

Ces enveloppes ou systèmes de support de vie sont, au plan phénoménologique, ce que nous avons appelé des dispositifs phénoménotechniques ou appareils ontophaniques : ils agissent comme des structures techno-transcendantales qui donnent

1. *Ibid.*, p. 231.

2. B. Latour, « A Cautious Prometheus? A Few Steps Toward a Philosophy of Design (with Special Attention to Peter Sloterdijk) », Proceedings of the 2008 Annual International Conference of the Design History Society, F. Hackne, J. Glynne & V. Minto (eds), Falmouth, 3-6 September 2009, e-books, Universal Publishers, p. 8 (en ligne : http://www.bruno-latour.fr/sites/default/files/112-DESIGN-CORNWALL-GB.pdf).

forme à notre manière de percevoir et coulent notre être-au-monde. Par conséquent, tous ceux dont le métier est de concevoir et de mettre en forme ont une responsabilité majeure. Ils contribuent directement à la constitution de notre sphère existentielle, conçue comme le « monde propre » dans lequel nous existons phénoménotechniquement.

Par exemple, en dessinant la Bibliothèque nationale de France comme un palais monumental aux lignes extérieures abstraites et froides, mais en proposant à l'intérieur une retraite sûre qui échappe à la ville autour d'une forêt de pins, l'architecte Dominique Perrault a fait des salles de lecture du site François-Mitterrand un havre de paix pour l'esprit, qui favorise la concentration. Jamais nous n'aurions pu vivre la même expérience intellectuelle apaisante sans la qualité phénoménotechnique de cette architecture et de son mobilier. Néanmoins, en refusant pour des motifs esthétiques le droit à la bibliothèque d'apposer des stores aux grandes baies vitrées de ses façades intérieures, l'architecte a infligé à son bâtiment l'inaptitude technique à protéger les usagers de ces longs moments d'ensoleillement qui peuvent rendre temporairement inutilisables des pans entiers de salles de lecture – sauf à accepter d'en subir l'épreuve. Cet exemple à double tranchant montre qu'il s'en faut de peu pour que notre expérience-du-monde soit merveilleuse ou détestable, selon que la technique qui la met en forme a été plus ou moins bien conçue. Preuve que les concepteurs sont les véritables forgeurs de la pâte du monde dans lequel nous vivons, que ce soit dans les bibliothèques, dans la rue, dans l'habitat, dans les transports, dans les campagnes, ou dans les interfaces numériques qui nous suivent partout.

Il en découle plusieurs conséquences de taille. La première, c'est que la technique ne saurait être autre chose qu'une pratique de mise en forme de notre sphère existentielle et, à ce titre, ne saurait être dissociée des activités de conception-création. Tout ce qui existe dans notre sphère est le résultat technique d'opérations conceptrices et créatives, d'où l'intérêt de parler de « culture matérielle [1] » et de renoncer aux distinctions purificatrices entre l'art et la technique. La seconde, c'est que, si l'expérience est une construction phénoménotechnique, son processus constructeur est précisément celui qui s'étaye sur ces opérations conceptrices et créatives. Rien ne saurait en effet être construit sans opérateurs constructifs. Pour que l'expérience, c'est-à-dire le fait même de la perception, soit une co-construction (techno-transcendantale) de nos sens et de nos appareils, il faut bien qu'il existe une constructivité partagée entre nos capacités perceptives et les opérations créatives de nos dispositifs techniques. Toutes deux prennent nécessairement une part active au processus

1. B. Darras, S. Belkhamsa, « Les objets communiquent-ils ? », *MEI : Médiation Et Information*, n°s 30-31, Paris, L'Harmattan, 2009, p. 7.

constructiviste d'élaboration de l'expérience, et c'est en cela que toute ontophanie est une ontophanie fabriquée. Par conséquent, en tant qu'elles sont fondamentalement des pratiques de mise en forme de notre sphère, les activités de conception-création jouent un rôle majeur dans la qualité ontophanique de notre expérience du monde. Nous proposons de les définir comme des activités non pas seulement techniques, mais phénoménotechniques. Dans cette perspective, toutes les actions techniciennes ou artistiques, toutes les fabriques d'artefacts, toutes les pratiques de mise en forme relevant de la culture matérielle sont des activités phénoménotechniques, qui coulent notre expérience-du-monde possible dans des régimes ontophaniques propres. Ainsi en va-t-il de la peinture, de la littérature, du cinéma, du jeu vidéo, « avec leurs plaisirs propres, avec leur régime d'expérience bien à eux, avec leur sensibilité particulière [1] », mais aussi de l'artisanat, de l'ingénierie ou du design. Tous affectent l'ontophanie du monde et, par suite, l'expérience possible, en participant à la construction de notre sphère existentielle. Parmi elles, il nous faut néanmoins prêter une attention particulière au design, dont les capacités phénoménotechniques sont singulières et édifiantes.

1. M. Triclot, *Philosophie des jeux vidéo*, *op. cit.*, p. 16.

29 – Le design et l'intentionnalité factitive

En 2009, dans un article de la revue *MEI : Médiation et information*, la sémioticienne Anne Beyaert-Geslin propose une réflexion sur les objets intitulée « Formes de tables, formes de vie »[1]. Plutôt que de penser l'objet en termes esthétiques de forme-fonction (comme Louis Sullivan[2]) ou en termes sociologiques de forme-signe (comme Jean Baudrillard[3]), elle propose de l'aborder en termes sémiotiques de forme-action. En empruntant ce concept à Jacques Fontanille (qui lui-même le tient de Aljirdas Julien Greimas), elle propose de définir l'objet comme objet « factitif », soit un objet « qui fait faire, fait être ou croire[4] ».

Pour cela, Anne Beyaert-Geslin compare la forme de la table du Moyen Âge avec celle de la table du XVIIIe siècle. La table médiévale, explique-t-elle,

1. A. Beyaert-Geslin, « Formes de tables, formes de vie. Réflexions sémiotiques pour vivre ensemble », *MEI : Médiation Et Information*, n° 30-31, Paris, L'Harmattan, 2009, p. 99-110.

2. Louis H. Sullivan, « The Tall Office Building Artistically Considered », *Lippincott's Magazine*, 57, mars 1896 (en ligne : http://academics.triton.edu/faculty/fheitzman/tallofficebuilding.html).

3. J. Baudrillard, *La Société de consommation* (1970), Paris, Gallimard, « Folio », 1996.

4. A. Beyaert-Geslin, « Formes de tables, formes de vie », art. cit., p. 100.

reçoit en sa longueur, côté valorisé, un banc sur lequel prend place le maître de maison, au centre, le plus souvent seul, dos au feu, tandis que des tabourets sont disposés sur la largeur, rendant le vis-à-vis difficile. Non sédentarisée, la table médiévale est mobile, faite de planches sur tréteaux montés pour l'occasion, et les ustensiles sont partagés d'un convive à l'autre. Au XVIIIe siècle, en revanche, apparaissent les salles à manger, « des pièces richement ornées dans lesquelles la table ronde a rapidement la préférence », et où l'apparition des services de table vient recréer, autour de l'assiette, une sphère personnelle. À travers ces exemples, on comprend comment une forme de table spécifique engendre une forme de vie particulière. Dans les deux cas, le rapport à l'autre dans l'expérience du repas est conditionné par l'objet :

> Au Moyen Âge, la table est mobile et décentrée ; au XVIIIe, elle devient fixe et s'impose comme marqueur central d'une pièce dont elle détermine la finalité. La scène antérieure marquée par l'individualisme et le nomadisme, construite autour d'un actant qu'elle accompagne à travers l'espace, se transforme dès lors en une scène collective et sédentaire qui convie les actants à prendre part à un faire commun situé une fois pour toutes dans l'espace [1].

Telle est la *factitivité* de la table : replacée dans la « scène pratique », la table à la fois fait être le repas

1. *Ibid.*, p. 102.

d'une manière qu'elle conditionne et fait vivre aux convives une expérience de l'être-ensemble qu'elle structure a priori. Nous retrouvons là, dans toute sa force, l'idée phénoménotechnique : les artefacts sont des dispositifs ontophaniques qui, agissant comme des structures techno-transcendantales, font *être* le monde (factitivité du faire-être) autant qu'ils conditionnent l'expérience possible que nous pouvons en *faire* (factitivité du faire-faire). La phénoménotechnique des objets est donc une forme de factitivité phénoménologique, car les objets construisent techniquement le régime d'expérience possible auquel ils donnent accès. Et ce qui est vrai de la table l'est tout autant de la chaise :

> La chaise est rarement isolée et prend place à la table du repas à moins qu'alignée avec d'autres, elle permette d'attendre son tour chez le médecin, ou, si l'on prend soin de la disposer avec d'autres en un petit cercle, de converser entre pensionnaires d'une maison de retraite [1]...

Les objets font le monde. En ce sens, tous les artefacts sont factitifs et les activités phénoménotechniques sont celles qui se distinguent par cette capacité à faire-être et à faire-faire.

Parmi elles, le design occupe une position singulière et, pour tout dire, exceptionnelle. En effet, les objets qui ne résultent pas d'un processus de design

1. *Ibid.*, p. 100.

sont seulement factitifs par accident : malgré eux, ils coulent le monde dans lequel nous vivons, parce qu'ils sont phénoménotechniques par nature, comme tous les artefacts. En revanche, les objets qui résultent d'un processus de design se distinguent en ceci qu'ils sont factitifs par intention. Ils sont conçus pour faire-être et pour faire-faire, c'est-à-dire pour engendrer de nouvelles ontophanies et remodeler l'expérience possible, en vue « d'améliorer ou au moins de maintenir l'habitabilité du monde [1] », selon la belle formule d'Alain Findeli. La factitivité du design n'est donc pas un trait accidentel de sa nature phénoménotechnique : c'est un trait intentionnel de sa culture créative.

C'est pourquoi le designer n'est ni un artiste ni un ingénieur. Le designer est un projeteur [2]. Par là il faut entendre, au sens le plus fondamental, un projeteur d'ontophanie. C'est toujours intentionnellement qu'il cherche à produire un « effet d'expérience [3] », c'est-à-dire à transformer des usages bruts sans qualité en « expériences-à-vivre [4] » hautement qualitatives. Cette intentionnalité factitive, qui vise l'augmentation directe de la qualité vécue de l'exis-

1. A. Findeli, « Searching For Design Research Questions : Some Conceptual Clarifications », *Questions, Hypotheses & Conjectures: discussions on projects by early stage and senior design researchers*, Bloomington, IN : iUniverse, 2010, p. 292.

2. S. Vial, *Court Traité du design*, *op. cit.*, p. 72.

3. *Ibid.*, p. 62-65.

4. *Ibid.*, p. 115.

tence, est la raison pour laquelle le design n'est pas une activité phénoménotechnique comme les autres. Il n'est pas seulement destiné à construire l'expérience, comme toutes les activités techniques. Il est destiné à enchanter l'expérience. Tel est le sens de cette intention (méliorative) de faire-être et de faire-faire qui est la sienne. Aussi, on ne saurait confondre le champ du design avec le champ des objets, qui – les misotechniciens nous l'ont assez dit – sont loin d'être tous porteurs d'enchantement (dispositifs mal conçus, architectures inadaptées, artefacts nuisibles, technologies destructrices, etc.). Il faut plutôt l'envisager comme le champ des effets, au sens phénoménologique que nous donnons à ce terme [1], à savoir ces « effets de design [2] » qui se produisent dans les objets, les espaces, les services ou les interfaces, en vue d'améliorer notre sphère existentielle [3]. À sa manière, Patrick Jouin l'exprime ainsi :

> Le designer, c'est quelqu'un qui est curieux, curieux des techniques, curieux des usages, curieux des comportements des autres et des siens propres. C'est quelqu'un qui doit injecter dans des objets d'usage une élégance, une poésie, faire que chaque

1. Voir le commentaire qu'en donne Mads Nygaard Folkmann dans son ouvrage récent, *The Æsthetics of Imagination in Design*, Cambridge (MA), MIT Press, p. 188-189.

2. S. Vial, *Court Traité du design*, *op. cit.*, p. 53 et suiv.

3. Voir aussi S. Vial, « Le geste de design et son effet : vers une philosophie du design », *Figures de l'art : revue d'études esthétiques*, n° XXVI, Presses universitaires de Pau, 2013.

moment de la vie soit un moment d'exception. Ça peut être seulement en soulevant une tasse ; ça peut être en utilisant des couverts ; ça peut être en poussant la porte d'une voiture. Notre métier, c'est de faire que tous ces moments soient des moments de qualité : que les objets ne nous encombrent pas, mais qu'ils soient au contraire des sortes de révélateurs de ce qu'il y a de mieux en nous [1].

En d'autres termes, ce n'est pas parce que l'on fabrique un objet que l'on pratique le design. Pour faire du design, il faut pouvoir projeter dans un objet un enchantement factitif. Quand Anne Beyaert-Geslin cite en exemple la table Joyn des frères Ronan et Erwan Bouroullec (Vitra, 2002), elle décrit une tout autre factitivité que celle des tables du Moyen Âge ou du XVIIIe siècle. Elle décrit une factitivité intentionnelle. Pourquoi ? Parce que Joyn, dans l'esprit de ses créateurs, est justement conçu pour être « un bureau collectif où l'un travaille à l'ordinateur portable tandis que d'autres mangent ou conversent [2] », sur le modèle de la table de cuisine d'autrefois [3]. Si la table Joyn propose de faire-faire

1. P. Jouin, « La substance du design », 17 février-24 mai 2010, Paris, Centre Georges-Pompidou, entretien vidéo.

2. A. Beyaert-Geslin, « Formes de tables, formes de vie », art. cit., p. 107.

3. Ronan Bouroullec, à propos de Joyn : « Our grandparents lived on a farm where the kitchen table was the central focus of the house. This table was the place where people ate, where they talked, and I'm sure my father did his homework there. It was just a surface », entretien avec Lucia Allais, Ronan and

autrement, c'est-à-dire de « concilier le travail de bureau avec une forme de vie a priori contradictoire, la convivialité [1] », c'est parce que ses concepteurs ont projeté en elle cet imaginaire factitif. Preuve supplémentaire de cette intentionnalité : tout le monde n'est pas prêt à y accéder, si l'on en juge par l'usage réducteur qui est souvent fait de cette table, réduite au statut de « bureau collectif presque banal où chacun se préserve des aléas de la promiscuité et se retranche dans un territoire [2] ».

Le design est donc une activité phénoménotechnique qui porte en elle la factitivité comme son intention. En tant que tel, il recherche de nouvelles manières d'apparaître (faire-être) en vue de rendre possibles d'autres expériences du monde (faire-faire). Le design est ainsi au plus haut point une activité créatrice d'ontophanie. Il possède une aptitude fondamentale à faire monde ou, pour le dire avec Peter Sloterdijk, à créer de la sphère. En un mot, il est l'activité intentionnellement factitive qui vise à introduire de l'enchantement dans notre sphère d'existence. À l'heure du système technique numérique, qui offre une nouvelle matière à travailler, son rôle est essentiel dans la constitution de la nouvelle onto-

Erwan Bouroullec, Paris, Phaidon, 2003 (en ligne : http://www.bouroullec.com/).

1. A. Beyaert-Geslin, « Formes de tables, formes de vie », art. cit., p. 108.

2. *Ibid.*, p. 109.

phanie et la qualité d'existence possible des régimes d'expérience qu'elle porte.

30 – L'EFFET DE DESIGN NUMÉRIQUE ET SES POSSIBLES

Le design numérique est aujourd'hui la forme la plus innovante du design. Il peut être défini comme une activité créatrice d'ontophanie numérique, en tant que celle-ci constitue notre nouvel environnement perceptif ou « monde propre » (*Umwelt*). Certaines des propriétés fondamentales de la matière calculée, comme la virtualité dionysiaque des interfaces graphiques, n'existeraient pas sans l'étincelle créative du geste de design qui en est à l'origine.

Mais pour bien comprendre ce qu'il convient d'entendre par « design numérique », il faut d'emblée procéder à une distinction [1]. Il y a deux manières d'envisager le rapport du numérique au design. La première correspond à ce que nous avons appelé le design numériquement assisté (*digitally aided design*) et recouvre les pratiques de conception qui exploitent le matériau numérique comme simple moyen. La seconde relève du design numérique (*digital design*)

1. Voir S. Vial, « Qu'appelle-t-on "design numérique" ? », art. cit., p. 91-106.

proprement dit et correspond à toutes les pratiques de conception à intentionnalité factitive qui emploient le matériau numérique à la fois comme moyen et comme fin. Examinons-les dans le détail.

Le premier recourt à la matière calculée comme instrument de création dans le but de donner vie à des usages (factitivité) par la mise en forme de matériaux assistée par ordinateur, y compris des matériaux informatisés. Que ces usages interviennent dans l'expérience sensible primaire (mise en forme de matériaux physico-mécaniques à perception immédiate) ou qu'ils aient lieu dans des environnements virtuels interactifs (mise en forme de matériaux électro-numériques à perception « interfacée ») ne change rien à l'affaire. Dans les deux cas, le matériau numérique est utilisé comme instrument ou méthode, au même titre que le crayon et l'équerre, le collage ou le pliage. Par exemple, dessiner un casque à vélo dans un logiciel de conception, produire un vase à l'aide d'une technique de stéréo-lithographie, fabriquer un objet avec une imprimante 3D ou encore utiliser un logiciel pour créer un autre logiciel, voilà des pratiques de conception qui relèvent du design numériquement assisté. On trouve nécessairement du numérique dans le procédé (*process*), mais pas dans le produit (*product*).

Le second, en revanche, recourt à la matière calculée comme matière à modeler en elle-même et pour elle-même, avec l'intention de donner vie à des usages (factitivité) en donnant forme avant tout à des matériaux informatisés. Par là, il ne faut pas entendre que la matière calculée est elle-même la finalité du processus de design, ce qui n'aurait aucun sens puisque le design ne vise pas à produire des matériaux mais à engendrer des régimes d'expérience meilleure. Il faut plutôt comprendre que la matière calculée est elle-même incluse dans l'intentionnalité factitive du processus, c'est-à-dire intentionnellement projetée dans le projet comme une composante matérielle nécessaire du résultat final, en raison de ses potentialités inédites. Elle n'est donc pas la finalité du projet, mais elle fait bel et bien partie de sa visée factitive. On peut alors parler d'intentionnalité factitive numérique, au sens où le geste de design repose sur une intention de faire-être et de faire-faire qui passe préférentiellement par le matériau numérique et ses propriétés ontophaniques nouvelles (et exceptionnelles).

Concrètement, cela signifie que le designer numérique est celui qui, l'assumant ou non, prend le parti de faire un projet dont le résultat sera fait de matière calculée. Par exemple, concevoir une tablette tactile ou un objet connecté, développer un logiciel ou créer une interface mobile, produire un site Web ou concevoir un jeu vidéo, tout cela et bien plus encore relève du design numérique. Parce qu'il y a nécessairement du numérique dans le procédé (*process*), comme dans le produit (*product*).

Et cela change toute la perspective. Les propriétés ontophaniques inédites de la matière calculée offrent au designer la possibilité d'imaginer des régimes d'expérience eux-mêmes inédits, tels ceux qui ont pu naître de la virtualité des interfaces graphiques à partir des années 1980. La tâche du design numérique est donc celle de l'exploitation créatrice des capacités ontophaniques de la matière calculée en vue de créer de nouveaux effets de design, c'est-à-dire des effets d'enchantement factitif de l'expérience. Le cas du *game design*, en tant que générateur du régime d'expérience propre au jeu vidéo, est à cet égard exemplaire. Pour bien saisir l'effet de design numérique qui opère dans le *game design*, il faut saisir la nature singulière de l'expérience vidéo-ludique. Dans sa *Philosophie des jeux vidéo*, Mathieu Triclot la décrit comme une forme d'« expérience instrumentée » qui fait suite à une longue histoire d'expériences du même type :

> La culture a toujours été une affaire de technologie. Nous utilisons des dispositifs techniques ou des artefacts plus ou moins élaborés, le livre, le film, la salle de cinéma ou de théâtre, le concert, la toile du tableau, etc., pour produire ou plutôt favoriser la production de certaines formes d'expérience. De l'autre côté du dispositif, de ses agencements, de ses possibilités techniques, de ses architectures, il y a ces petits états, livresques, filmiques ou encore ludiques, qu'il s'agit de produire, que nous entretenons avec soin et amour, avec leurs plaisirs propres, avec leur régime d'expérience bien à eux, avec leur sensibilité particulière [1].

1. M. Triclot, *Philosophie des jeux vidéo*, *op. cit.*, p. 15-16.

Nous le savions : toute expérience est une construction phénoménotechnique. Mathieu Triclot souligne que les expériences artistiques et culturelles n'y échappent pas plus que les autres. Toutes sont instrumentées, toutes sont appareillées. Sans doute fallait-il la violence phénoménologique de la révolution numérique pour nous le rendre enfin visible, par un effort du regard qu'aucune philosophie de la technologie ne saurait plus ignorer :

> Que la technicité du jeu vidéo ou du cinéma nous frappe aujourd'hui plus que celle du livre, cela n'est possible que parce que nous avons oublié toutes les contraintes de l'objet livre, toutes les rigueurs de l'écriture ou encore le dressage qu'implique pour la pensée la « raison graphique ». Il faut tout un effort du regard pour faire ré-émerger la technicité de l'écriture et du livre, celle dont on joue précisément dans la lecture [1].

C'est cet effort du regard qui doit être le nôtre. Face à la variété des dispositifs vidéo-ludiques (bornes, ordinateurs de bureau, consoles, appareils mobiles…), « jouer n'est jamais autre chose que profiter de ces dispositifs pour engendrer de l'expérience, pour se mettre dans un certain état [2] ». Mais pour atteindre cet état il faut un jeu doté d'un *gameplay* suffisant. Par *gameplay*, on entend généralement l'ensemble des mécanismes de jeu (*game*) capables

1. *Ibid.*, p. 16.
2. *Ibid.*, p. 14.

d'engendrer un plaisir ludique authentique (*play*). C'est pourquoi seul un geste de *game design* – qu'on devrait peut-être appeler plutôt *gameplay design* – peut permettre d'atteindre pleinement le régime d'expérience authentique du *play* propre à un jeu vidéo. Car dans un geste de *game design*, comme dans tout geste de design numérique, il y a une intentionnalité factitive, c'est-à-dire un projet d'enchantement ontophanique de l'expérience (ici, ludique). L'histoire des techniques vidéo-ludiques confirme en ce point l'histoire de toute phénoménotechnique :

> À chaque fois, ce qui s'invente, ce sont de nouvelles liaisons à la machine, de nouveaux régimes d'expérience, de nouvelles manières de jouir de l'écran [1].

Le régime d'expérience du jeu vidéo, en tant que régime d'expérience inédit, est donc celui d'une jouissance d'écran particulière que Mathieu Triclot dépeint comme « un plaisir spécifique et gigantesque [2] ». Ce plaisir spécifique, seul un dispositif vidéoludique peut l'engendrer et, peut-être, seul un *gamer* peut le comprendre, parce qu'il dérive directement des propriétés exceptionnelles de l'ontophanie numérique, telles que l'interactivité ou la réversibilité, nous l'avons vu.

Produire des régimes d'expérience inédits, tel est donc le rôle du design numérique. Et ce qui vaut

1. *Ibid.*, p. 15.
2. *Ibid.*, p. 21.

pour le *game design* vaut aussi bien pour le design d'interaction (objets informatisés, objets connectés) ou le *web design* (sites Web, applications, services en ligne). Dans le cas du *web design*, par exemple, les choix du concepteur ne sont jamais sans conséquences sur le régime d'expérience possible de l'internaute. Comme l'a montré Bernard Darras, le choix de la mise en page, des couleurs ou des formes qui composent la page d'accueil d'un site Web ne relève pas de simples préférences esthétiques ou personnelles : ce choix « détermine l'expérience de l'utilisateur en verrouillant son processus interprétatif » en raison de « l'effet de halo » que produit la « première impression » visuelle dans les premiers dixièmes de seconde de la visite d'un site [1]. C'est pourquoi certains sites Web donnent immédiatement envie de les quitter quand d'autres, au contraire, stimulent notre plaisir à les parcourir et les explorer.

À tous ceux qui se demandent ce qu'il faut faire de la révolution numérique, il est donc facile de répondre d'un mot : il faut en faire le design. Pour tout dire, c'est déjà le cas depuis une trentaine d'années, mais nous devons plus que jamais continuer à modeler l'ontophanie numérique d'une manière qui fasse sens pour nous, les humains. Car les potentialités de la matière calculée, si elles ont

1. B. Darras, « Aesthetics and Semiotics of Digital Design », art. cit., p. 13.

déjà tourné une première page de leur histoire, n'ont pas dit leur dernier mot.

31 – La situation interactive et notre avenir ontophanique

La plus grande partie de nos expériences existentielles sont aujourd'hui conditionnées a priori par la situation interactive. Par là, il faut entendre la forme que prend l'expérience-du-monde quand elle est ontophaniquement engendrée par une interface numérique. Aujourd'hui, les expériences existentielles correspondent pour la plupart à des situations interactives, que ce soit dans la vie professionnelle ou personnelle, publique ou privée. Celles-ci sont d'ailleurs très diverses. Elles vont de la situation interactive de bureau, sur le modèle du poste de travail, à toutes les formes qui dépendent d'un appareil numérique particulier : par exemple, les situations interactives induites par un site Web, par un terminal mobile, par une tablette, par un jeu vidéo, par un livre électronique, par un objet connecté, par un dispositif spatial interactif, etc. Il serait trop laborieux de tenter d'énumérer toutes les formes possibles de la situation interactive. Ces formes, longtemps réduites à celle du poste de travail de l'ordinateur personnel, sont aujourd'hui sans cesse plus nombreuses, innovantes et inattendues, étant donné que la matière calculée tend de plus en plus à s'inviter dans la totalité des artefacts humains (Google parle déjà de lunettes connectées[1] et de voitures autonomes[2]).

Aussi, la condition humaine contemporaine tend à devenir celle d'une situation interactive généralisée. L'homme contemporain est principalement un être en interaction, qui manipule en permanence des interfaces numériques, à la maison, au travail, dans les transports, dans la rue, dans l'intimité... Façonnée par les propriétés ontophaniques inédites de la matière calculée, son expérience-du-monde correspond à une forme de vie où se trouve de plus en plus présente, quoique à des degrés divers, ce trait existentiel contemporain : l'immersion. Parce que l'immersion, c'est précisément ce qu'exigent de nous les environnements virtuels de nos interfaces numériques, comme le rappelle Sherry Turkle :

> Dans un séminaire, l'architecte Louis I. Kahn posait cette question devenue célèbre : « Que veut une brique ? » C'était la bonne question pour lancer

1. « Project Glass », projet prospectif de Google, annoncé sur *Google Plus*, le 4 avril 2012 (en ligne : https://plus.google.com/111626127367496192147/posts/aKymsANgWBD – site officiel : http://google.com/glass

2. « Google lance la voiture sans chauffeur », *Le Monde.fr*, 9 mai 2012 (en ligne : http://www.lemonde.fr/technologies/video/2012/05/09/google-lance-la-voiture-sans-chauffeur_1698400_651865.html).

la discussion sur l'art de bâtir. Ici, j'emprunte l'esprit de cette question pour demander : « Que veut la simulation ? » D'une certaine manière, la réponse à cette seconde question est simple : la simulation veut, et même exige, l'immersion [1].

Chacun en fait l'expérience : les interfaces sont des capteurs d'attention. Non pas seulement parce qu'elles offrent à nos yeux des environnements simulés captivants (virtualité), mais parce qu'elles possèdent cette série de propriétés inédites qui ont le pouvoir de mobiliser de manière exceptionnelle (interactivité, réversibilité, réticularité, fluidité, ludogénéité…). Nul besoin d'être dans un univers virtuel persistant : pour connaître l'immersion, il suffit d'interagir au quotidien avec un smartphone, une tablette ou un micro-ordinateur. À l'heure du système technique numérique, l'immersion est notre condition ontophanique à tous, et elle devient de plus en plus banale. Ceux qui aiment le plus cette manière d'être-au-monde se font appeler *geeks*. Ceux qui l'aiment le moins en font volontiers la critique, au motif d'une perte de réalité ou d'authenticité. Cette bipolarité existe néanmoins depuis les débuts de l'introduction des interfaces dans notre quotidien.

Comme le montre Sherry Turkle, dès l'apparition des premiers ordinateurs dans les pratiques professionnelles, par exemple au Massachusetts Institute of Technology, au milieu des années 1980, on observe

1. Sherry Turkle, *Simulation and its Discontents*, *op. cit.*, p. 6.

deux types de réactions : d'un côté, l'adoption enthousiaste de ceux qui cèdent à l'immersion voulue par les machines et se mettent à faire avec les ordinateurs (le point de vue du *doing*) ; de l'autre, le scepticisme inquiet de ceux qui expriment une grande méfiance à l'égard de ces nouveaux outils et doutent de leur pertinence, craignant une perte de réalité (le point de vue du *doubting*). C'est le même enthousiasme que l'on retrouve aujourd'hui chez les adeptes des réseaux sociaux, et le même scepticisme que l'on voit à l'œuvre chez tous ceux qui militent pour des journées « sans écran » ou « sans Facebook », tels les adeptes de la déconnexion ou du « shabbat numérique[1] » (*Digital Sabbath*).

Mais, il est temps de le reconnaître, cette dialectique de l'enthousiasme et du scepticisme n'est pas le fait de deux camps opposés. En vérité, elle existe en chacun de nous, qui vivons la transition entre deux âges ontophaniques. Tantôt nous nous plaisons à l'immersion dans les interfaces, tantôt nous nous sentons esclaves d'elles. Tantôt le numérique est le bon objet, tantôt il est le mauvais. Pourquoi ? Parce que c'est à ce prix que s'accomplit généralement l'adoption d'une nouvelle culture ontophanique. On ne traverse pas la vallée qui mène de l'ancien monde vers le nouveau sans passer par quelques sinuosités. Mais surtout : les cultures ontophaniques se cumu-

1. Voir par exemple le projet Sabbath Manifesto (en ligne : http://www.sabbathmanifesto.org/).

lent autant qu'elles se succèdent, si bien que nous pouvons passer de l'une à l'autre sans pour autant passer de l'autre côté du miroir. L'ontophanie numérique n'a pas fait disparaître l'ontophanie téléphonique ou l'ontophanie du face-à-face. Elle a simplement redéfini la place que nous accordons à chacune d'elle en fonction des potentialités que nous souhaitons exploiter. Par exemple, sous l'effet de nos « liaisons numériques », l'ontophanie du face-à-face acquiert une aura phénoménologique supérieure, que nous réservons à certaines personnes ou situations – alors qu'autrefois nous n'avions d'autre choix que le face-à-face. De même, l'ontophanie téléphonique a acquis une aura phénoménologique que nous ne lui connaissions pas auparavant : la téléprésence de la voix humaine, même restituée par un appareil, a une telle force perceptive que nous préférons également réserver cette forme d'échange à certaines personnes ou certaines situations.

Dès lors, à ceux de nos liens que l'on appelle des liens faibles [1], dont le nombre a considérablement augmenté (les fameux « amis » de Facebook), nous réservons plutôt des modalités ontophaniques de type réticulaire, qui impliquent des messages écrits et envoyés à travers le réseau Internet, sans grande aura phénoménologique parce qu'ils s'évaporent aussi vite qu'ils sont acheminés – même s'ils peuvent avoir

1. Voir Antonio A. Casilli, *Les Liaisons numériques…*, *op. cit.*, Paris, Le Seuil, 2010, p. 248.

une forte charge émotionnelle et un effet de réel extraordinaire, comme le célèbre tweet de Valérie Trierweiler dans l'entre-deux-tours des élections législatives françaises de 2012. Les divers dispositifs techniques nous permettent donc de choisir le degré de distance qui convient au degré de relation que nous souhaitons entretenir avec les autres.

Malgré son omniprésence, l'expérience immersive du monde n'est jamais qu'une forme d'expérience possible que nous cumulons avec d'autres, qui se banalise, et que nous parvenons peu à peu à apprivoiser et situer dans notre sphère ontophanique hybride. Car nous vivons une époque où la culture ontophanique n'a jamais été aussi riche et diversifiée. L'homme moderne est un peu comme un pilote en son navire ontophanique. Selon les vents et les marées qu'il rencontre, il décide quel régime il souhaite donner à ses expériences existentielles, virant tantôt à bâbord, du côté de l'ontophanie numérique, ou à tribord, du côté de l'ontophanie du face-à-face. Entre les deux, il dispose d'une gamme complète de tons ontophaniques, qui vont du téléphone au SMS en passant par l'e-mail et les réseaux sociaux. À lui d'évaluer où il souhaite placer, à chaque instant, le curseur phénoménologique de son existence et de sa relation à autrui, selon son interlocuteur, son humeur, etc.

Ainsi l'avenir de notre être-dans-le-monde n'a-t-il jamais été autant lié au design, puisque celui-ci est une activité créatrice d'enchantement ontophanique.

À l'heure de la situation interactive généralisée, il incombe au design numérique de sculpter notre expérience-du-monde possible en explorant les diverses manières de faire de l'immersion un facteur d'enchantement. Cela ne signifie pas seulement produire des expériences interactives de qualité, susceptibles de donner du sens à l'immersion elle-même – ce qui est déjà remarquable. Cela signifie aussi chercher à conjuguer l'ontophanie de l'immersion avec les autres cultures ontophaniques, en vue de produire des régimes d'expérience hybrides qui composent avec toutes les facettes ontophaniques du réel et exploitent le meilleur de chacune. L'immersion, par elle-même, ne saurait être une fin en soi exclusive. Elle n'a d'intérêt que dans la mesure où elle enrichit notre expérience-du-monde possible.

La question n'est donc pas de savoir s'il faut abandonner le livre papier au profit du livre numérique, les jeux de plateau au profit des jeux vidéo, s'il faut renoncer à l'apprentissage de l'écriture sur papier au profit de celui sur tablette ou transformer toutes nos relations en face-à-face en liaisons numériques. Vivre exclusivement à l'état immersif, dans une ontophanie numérique restrictive, ne peut être qu'un appauvrissement phénoménologique de l'expérience d'exister. La question n'est pas non plus de savoir s'il faut faire exactement l'inverse et s'opposer au livre numérique, s'interdire les jeux vidéo, rejeter les tablettes à l'école ou fermer son compte Twitter pour écouter pousser sa barbe. Comme en témoigne l'expérience de Paul Miller, qui s'y est essayé pendant un an pour découvrir qu'il s'était trompé [1], se débrancher de tous ses écrans ne conduira jamais à retrouver quelque miraculeuse lueur ontologique originaire, qui serait plus « vraie » parce que plus « naturelle » : nous n'avons tout simplement jamais existé à l'état de nature. Toute ontophanie du monde est une ontophanie technique. Lorsqu'on s'oblige à vivre en dehors de la culture ontophanique dominante, on ne fait qu'en retrouver une autre, plus ancienne, fondée sur d'autres appareils. Comme l'écrit Jean-Claude Beaune :

> [...] le monde auquel nous nous affrontons, dans l'expérience la plus quotidienne, est culturel, c'est-à-dire technique et technicisé de part en part. Nous n'avons aucune expérience naturelle du monde et de nous-mêmes [2].

Plutôt que de s'opposer catégoriquement à l'ontophanie numérique ou de lui succomber aveuglément, il convient de chercher à exploiter le meilleur des capacités phénoménotechniques de chaque ontophanie technique, et de son hybridation avec les autres. D'où l'intérêt d'un instrument comme l'iPad d'Apple, qui nous sort de l'asservisse-

1. P. Miller, « I'm still here: back online after a year without the internet », *The Verge*, 1er mai 2013 (en ligne : http://www.theverge.com/2013/5/1/4279674/im-still-here-back-online-after-a-year-without-the-internet).

2. J.-Cl. Beaune, *La Technologie*, *op. cit.*, p. 5.

ment au poste de travail ; d'une console comme la Wii de Nintendo, qui stimule l'activité corporelle ; de jeux comme les jouets-vidéo des Éditions Volumiques [1], qui placent les écrans dans les choses et les choses dans les écrans. C'est là la responsabilité du design numérique : nous amener à vivre mieux dans l'ontophanie numérique, conçue comme un environnement perceptif à phénoménalité numériquement centrée mais foncièrement hybride, à la fois numérique et non numérique, en ligne et hors ligne. Car c'est dans cet environnement que nos enfants grandissent et, en assimilant de nouvelles structures perceptives, acquièrent désormais le sens du réel, le leur.

1. Les Éditions Volumiques, dont le directeur de création est Étienne Mineur, est un studio de design numérique basé à Paris, qui travaille à l'invention de nouveaux types de jeux et jouets, reposant sur la mise en relation du tangible et du digital (voir en ligne : http://volumique.com).

Conclusion

De l'aura radicale des choses

> « Si j'avais un marteau
> Je cognerais le jour
> Je cognerais la nuit
> J'y mettrais tout mon cœur
> Je bâtirais une ferme
> Une grange et une barrière
> Et j'y mettrais mon père
> Ma mère, mes frères et mes sœurs
> Oh, oh ! ce serait le bonheur. »
>
> Claude François,
> *Si j'avais un marteau*, 1963

En 1992, dans *Aramis, ou l'amour des techniques*, Bruno Latour affirmait vouloir « convaincre que les machines qui [nous] entourent sont des objets culturels dignes de [notre] attention et de [notre] respect [1] ». Il faisait suite, à sa manière, à l'appel lancé par Gilbert Simondon trente ans plus tôt en vue d'accorder aux objets techniques une place dans le

1. B. Latour, *Aramis, ou l'amour des techniques*, Paris, La Découverte, 1992, p. 8.

monde des significations. Il témoignait de la résistance encore vivace des penseurs contemporains à prendre au sérieux la « dimension technique des actes de culture [1] ». Vingt ans plus tard, on peut dire que, sous l'effet de la révolution numérique, nul ne peut plus échapper à la prise de conscience du sens des objets techniques et, plus généralement, à la nécessité de ne plus penser la technique en termes d'objets séparés des sujets. Notre être-dans-le-monde est lui-même un fait techniquement produit et notre faculté de percevoir, autrefois confondue avec une procédure naturelle, dépend des appareils du système technique dans lequel nous vivons. La révolution numérique, loin d'être seulement une révolution technologique dans les objets, est avant tout une révolution phénoménologique dans les sujets : elle produit une nouvelle coulée phénoménotechnique du monde et refonde la capacité des humains à en faire l'expérience.

Il n'est donc plus possible de s'abandonner à l'illusion humaniste. Si, comme le veut Bruno Latour, « nous n'avons jamais été modernes [2] », c'est en effet parce que, jusqu'ici, nous n'avons jamais cessé d'être des humanistes. Et « les humanistes ne se sentent concernés que par les humains ; le reste, pour eux,

1. M. Triclot, *Philosophie des jeux vidéo*, *op. cit.*, p. 16.

2. B. Latour, *Nous n'avons jamais été modernes*, Paris, La Découverte, 1991.

n'est que pure matérialité ou froide objectivité [1] ». C'est pourquoi la révolution numérique fonctionne comme une révélation numérique : en nous faisant découvrir le sens technique de la question de l'être, elle nous fait enfin devenir modernes, c'est-à-dire humanistes et machinistes à la fois, loin de tout transhumanisme facile ou de tout posthumanisme extravagant. L'homme est dans la machine autant que la machine est dans l'homme. Aussi devons-nous, à la phénoménologie de l'intersubjectivité, ajouter celle de l'interobjectivité. Nous sommes parmi les objets autant que parmi les sujets. Vivre, ce n'est pas seulement vivre avec « mon père, ma mère, mes frères et mes sœurs », c'est vivre avec « un marteau, une ferme, une grange et une barrière ». C'est vivre avec des tables, des chaises, des chaussures, des voitures, des réfrigérateurs, des téléviseurs, des ordinateurs, des architectures, des paysages – car les paysages sont aussi des techniques [2]. C'est vivre avec des non-humains, avec lesquels nous tissons des liens à chaque instant, bien plus encore que nous en tissons avec les humains (on pense ici à la théorie de l'acteur-réseau, chère à Bruno Latour). Car, contrairement aux autres humains dont nous pouvons être privés dans l'expérience de la solitude, nous ne sommes jamais séparés des objets. Nos liens avec eux sont permanents, ce qui explique qu'ils peuvent

1. B. Latour, « A Cautious Prometheus? », art. cit.
2. A. Cauquelin, *L'Invention du paysage*, *op. cit.*

être durables et profonds, et prendre même parfois plus d'importance que certaines de nos relations « humaines », comme tel objet chargé de souvenir ou tel paysage d'enfance. Mais ce qui prouve plus encore l'intensité de notre être-au-monde-avec-les-objets, c'est que nous déployons autant d'efforts à sélectionner les choses avec lesquelles nous voulons vivre que les personnes avec lesquelles nous souhaitons entretenir une relation, comme en témoignent le succès et la mode générale du design d'intérieur. Pour Peter Sloterdijk, c'est même un trait d'époque :

> Nous vivons aujourd'hui une époque dans laquelle une conscience luxueuse plus ou moins satisfaite apprend l'art d'arranger son espace. L'homme moderne est une sorte de « curateur » (*curator*) – ce terme n'existe pas vraiment en français –, c'est-à-dire un planificateur d'expositions dans l'espace qu'il habite lui-même. Chaque homme est devenu un curateur de musée. [...] Après la destruction de tant de choses et la démonstration de la destructibilité de toutes choses, chaque habitant, que ce soit d'un appartement, d'une ville ou d'un pays, est devenu ou a été contraint de devenir une sorte de planificateur de son propre espace [1].

Autrement dit, nous sommes tous des designers de notre sphère d'existence. Nous mettons un soin particulier à « concevoir » nos espaces, nos cuisines,

1. P. Sloterdijk, « Foreword to the Theory of Spheres » (octobre 2004), *Cosmograms*, *op. cit.*, p. 230 (traduit par nous).

nos salons, et à les « composer » avec des objets censés exprimer notre finesse de goût et notre personnalité profonde. Comme s'il n'était pas possible d'être-bien-dans-le-monde sans être-bien-entouré-d'objets finement choisis. Au point où nos intérieurs ressemblent de plus en plus à des show-rooms, et où nous semblons croire qu'il faut absolument s'offrir une chaise signée Charles Eames pour que le fait de s'asseoir ait un sens.

En vérité, tout cela ne fait que révéler notre besoin des objets et montre que nous ne saurions envisager l'existence sans eux, puisque ce sont eux qui font notre existence. Non seulement nous tissons des liens avec eux, mais nous construisons phénoménologiquement notre expérience-du-monde grâce à eux. De ce point de vue, la qualité existentielle de notre expérience-du-monde possible ne repose pas seulement sur la qualité de nos relations aux autres, mais aussi sur celle de nos relations aux artefacts et sur notre capacité à recevoir et apprécier leur aura phénoménologique propre.

Par *aura phénoménologique*, il faut entendre une manifestation proche de l'aura selon Walter Benjamin, c'est-à-dire cette « unicité de l'apparition » avec laquelle les choses s'offrent à notre perception. Mais nous y ajoutons la notion de degré. L'aura phénoménologique d'une chose – objet ou sujet –, c'est son degré d'intensité perceptive, de vivacité phénoménale, d'acuité ontophanique, de puissance d'apparaître. À ce titre, toutes choses ne sont pas égales car toutes n'ont pas la même aura phénoménologique. Certaines en ont plus, d'autres moins. Cela n'a rien à voir avec leur degré de réalité. Par définition, un étant quel qu'il soit est doté d'existence, donc de réalité, et c'est le cas des êtres numériques comme des autres. Mais tous les étants n'ont pas la même aura phénoménologique, ne dégagent pas la même intensité perceptive. Et celle-ci est conditionnée par les appareils qui coulent phénoménotechniquement leur manifestation. Certaines matrices ontophaniques dégagent plus ou moins d'aura phénoménologique. Ainsi, les appareils numériques ne dégagent pas la même aura phénoménologique que les appareils mécaniques. Quand je fais une expérience d'autrui conditionnée par l'ontophanie téléphonique, autrui a pour moi bien plus d'aura phénoménologique que lorsque je fais une expérience de lui conditionnée par l'ontophanie numérique. Pour autant, ne nous méprenons pas : dans les deux cas, autrui a autant de réalité. Il faut distinguer le degré d'existence d'une chose – en tant que *quantum d'être* – de son degré d'aura phénoménologique – en tant que *quantum de perception*. Une chose peut avoir moins d'aura qu'elle n'a d'être, et réciproquement. C'est là qu'est toute la subtilité de la révolution numérique comme révolution ontophanique, et c'est ce qui, longtemps, nous a trompés en nous jetant dans l'illusion du virtuel et la rêverie de l'irréel.

Si la révolution numérique est bien une révolution phénoménologique, c'est précisément parce qu'elle coule les phénomènes dans une aura phénoménologique inédite. Et, comble de subtilité, cette nouvelle coulée phénoménotechnique a ceci de paradoxal qu'elle engendre des choses qui ont, d'un côté, une aura phénoménologique faible (par exemple : la conversation par messagerie instantanée ou les liens d'amitié sur Facebook), et de l'autre, des effets de réalité forts (le renforcement du lien social grâce à une communauté en ligne, ou la diffusion d'un message sur Twitter). C'est pourquoi les liens que nous tissons sur les réseaux sociaux sont appelés des « liens faibles ». Au plan philosophique, ils ont effectivement une certaine faiblesse phénoménologique, alors même qu'ils peuvent avoir une grande force de réalité ou de sociabilité. La meilleure preuve en est que lorsque nous sommes proches et intimes de quelqu'un, a fortiori dans une relation amoureuse impliquant le commerce des corps, la puissance phénoménologique de l'ontophanie du face-à-face écrase toutes les autres. Dans une vie de couple, par exemple, on s'écrit aujourd'hui volontiers des SMS comme on partage des choses sur Facebook. Cela n'a évidemment pas moins de réalité que ce que l'on vit en face-à-face, surtout quand il s'agit de s'envoyer des photos de ses enfants. Mais parce que cela se passe en ligne, à travers des interfaces numériques, cela a moins d'aura phénoménologique. Au point que, parfois, ce qui a été échangé par SMS ou sur le réseau est annulé par ce qui est échangé après coup en face-à-face, qui est par excellence l'espace de la *restauration ontophanique*, le lieu irremplaçable de l'authenticité phénoménologique, où les malentendus parfois produits par les échanges en ligne sont levés et rectifiés.

L'ontophanie du face-à-face est donc, de loin, celle qui possède le plus haut degré d'aura phénoménologique. Il existe des formes d'expériences existentielles qui en sont indissociables et qui, pour cette raison même, sont incommensurables avec l'ontophanie numérique, comme l'expérience de la tendresse maternelle, de l'intimité amoureuse, ou encore de la cure psychanalytique. À la faveur du numérique, qui se présente comme un révélateur, nous comprenons en quoi l'expérience psychanalytique est elle aussi une expérience phénoménotechniquement produite, par le truchement de ces appareils que sont le divan, le fauteuil et les quatre murs du cabinet. Le cabinet de l'analyste est un appareil qui fonde la possibilité de l'apparaître de l'inconscient et de l'*insight*. Et à l'heure de la montée en puissance des dispositifs numériques d'une prétendue « psychanalyse à distance » (par exemple via Skype), les psychanalystes sont tenus de le rappeler dans un effort indispensable pour définir la spécificité de leur pratique clinique par rapport à la « skypanalyse [1] ». Pour Geneviève

1. Pour un premier aperçu de la problématique, voir G. Lombard, « Psychanalyse à distance ? », *Inconscient.net*, Bordeaux, 31 octobre 2011 (en ligne : http://inconscient.net/psychanalyse_a_distance.htm).

Lombard, pionnière sur cette question en France, l'authenticité de l'expérience psychanalytique exige en effet « la présence effective de deux personnes dans le même lieu et le même temps », car :

> La coprésence par écrans interposés, si elle est bien « réelle » et permet de vrais échanges, dans lesquels les émotions et bien des aspects de la vie humaine ont leur place, ne donne pas pour autant l'essentiel de ce qui constitue une présence authentique (corps et âme) d'une personne à une autre [1].

Cette « présence authentique », seule l'aura phénoménologique irremplaçable de l'ontophanie du face-à-face peut la donner. Voilà pourquoi aucun « lien faible » ne peut en lui-même constituer un lien de nature psychanalytique. Quoiqu'elle propose une phénoménologie miraculeuse de l'expérience d'exister, dont nous avons décrit les propriétés inouïes et spectaculaires, l'ontophanie numérique a des limites, qu'il est tout aussi nécessaire d'affirmer que difficile de formuler (sauf à les caricaturer). Les expériences du monde induites par l'ontophanie numérique possèdent, malgré la puissance inédite de leurs effets de réel, un assez bas degré d'aura phénoménologique. C'est pourquoi, face à elles, les expériences du monde induites par l'ontophanie du face-à-face n'ont jamais eu autant d'importance. Et cela ne vaut pas

1. G. Lombard, « Le non-virtualisable de la psychanalyse », *Inconscient.net*, Bordeaux, 26 septembre 2007 (en ligne : http://inconscient.net/non_virtualisable.htm).

seulement pour notre face-à-face avec les sujets, mais aussi avec les objets. Car exister ou être-au-monde, c'est également savoir apprécier les instants non humains, les moments de rencontre avec les faits, les occasions de promenade parmi les choses. Vivre, c'est aussi vivre avec les choses et savoir goûter leur aura phénoménologique. Walter Benjamin donne toujours en exemple « l'aura de ces montagnes, de cette branche ». Il vise des choses dont l'aura phénoménologique est plus élevée que celle des photographies. De la même manière, perdurent aujourd'hui des expériences dont l'aura phénoménologique est plus élevée que celle des interfaces.

Bibliographie

(1) Aristote, *Métaphysique*, Paris, Vrin, 1991.
(2) Bachelard Gaston, « Noumène et microphysique », *Recherches philosophiques*, I, 1931-1932, p. 55-65. Repris dans *Études* (1970), Paris, Vrin, 2002, p. 11-22.
(3) Bachelard Gaston, *Les Intuitions atomistiques*, Paris, Boivin, 1933.
(4) Bachelard Gaston, *Le Nouvel Esprit scientifique* (1934), Paris, Puf, « Quadrige », 1991.
(5) Bachelard Gaston, *La Formation de l'esprit scientifique* (1938), Paris, Vrin, 1993.
(6) Bachelard Gaston, *Psychanalyse du feu* (1938), Paris, Gallimard, « Folio », 1994.
(7) Bachelard Gaston, *L'Activité rationaliste de la physique contemporaine* (1951), Paris, Puf, 1965.
(8) Bachelard Gaston, *Études* (1970), Paris, Vrin, 2002, p. 11-22.
(9) Bachimont Bruno, « L'archive numérique : entre authenticité et interprétabilité », *Archives*, volume 32, numéro 1, 2000-2001.

(10) BAUDRILLARD Jean, *La Société de consommation* (1970), Paris, Gallimard, « Folio », 1996.
(11) BEAHM George, *iSteve : intuitions, pensées et sagesses de Steve Jobs*, Paris, Michel Lafon, 2011.
(12) BEAUNE Jean-Claude, *La Technologie,* Paris, Puf, « Dossiers Logos », 1972.
(13) BEAUNE Jean-Claude, « Philosophy of Technology in France in the Twentieth Century: Overview and Current Bibliography », *Research in Philosophy and Technology*, 2, 1979, p. 273-292.
(14) BEAUNE Jean-Claude, *L'Automate et ses mobiles*, Paris, Flammarion, 1980.
(15) BENJAMIN Walter, « Petite histoire de la photographie » (1931), *Études photographiques*, numéro 1 / novembre 1996, en ligne : http://etudesphotographiques.revues.org/index99.html (texte intégral).
(16) BENJAMIN Walter, *L'Œuvre d'art à l'époque de sa reproductibilité technique* (1935-1939), trad. M. de Gandillac revue par R. Rochlitz, Paris, Allia, 2009.
(17) BERGSON Henri, *Essai sur les données immédiates de la conscience* (1889), Paris, Puf, « Quadrige », 1993.
(18) BESNIER Jean-Michel, *Les Théories de la connaissance* (2005), Paris, Puf, « Que sais-je ? », 2011.
(19) BESNIER Jean-Michel, *Demain les Posthumains*, Paris, Hachette Littératures, 2009.
(20) BEYAERT-GESLIN Anne, « Formes de tables, formes de vie. Réflexions sémiotiques pour

vivre ensemble », *MEI : Médiation Et Information*, n° 30-31, Paris, L'Harmattan, 2009, p. 99-110.

(21) BOURGANEL Remy, « Setting a Design Culture : Obstacles and Opportunities », présentation lors du WIF 2012, Festival international du design interactif, 29-31 mai 2012, Limoges.

(22) BRETON Philippe, *Une histoire de l'informatique* (1987), Paris, Le Seuil, « Points Sciences », 1990.

(23) BRETON Philippe, *Le Culte de l'Internet : une menace pour le lien social ?*, Paris, La Découverte, 2000.

(24) BROGLIE (de) Pauline, comtesse de Pange, *Comment j'ai vu 1900*, Paris, Grasset, 1962, 1965, 1968.

(25) CANGUILHEM Georges, *La Connaissance de la vie* (1952), Paris, Vrin, 1993.

(26) CANGUILHEM Georges, *Le Normal et le Pathologique* (1966), Paris, Puf, « Quadrige », 1996.

(27) CASILLI Antonio A., *Les Liaisons numériques. Vers une nouvelle sociabilité ?*, Paris, Le Seuil, « La couleur des idées », 2010.

(28) CASSON Herbert N., *The History of the Telephone*, Chicago, A. C. McClurg & Co., 1910, en ligne, Electronic Text Center, University of Virginia Library : http://etext.lib.virginia.edu/toc/modeng/public/CasTele.html

(29) CAUQUELIN Anne, *L'Invention du paysage* (1989), Paris, Puf, 2000.

(30) CHABOT Pascal et HOTTOIS Gilbert (dir.), *Les Philosophes et la Technique*, Paris, Vrin, 2003.

(31) CRINGELY Robert X., *The Triumph of the Nerds : The Rise of Accidental Empires*, [Documentaire TV], Oregon Public Broadcasting, 1996.
(32) DAGOGNET François, *Éloge de l'objet*, Paris, Vrin, 1989.
(33) DARRAS Bernard, « Machines, complexité et ambition », *Dessine-moi un pixel. Informatique et arts plastiques*, J. Sultan et B. Tissot (dir.), Paris, INRP / Centre Georges-Pompidou, 1991, p. 99-107.
(34) DARRAS Bernard, « Ambition et création artistique assistée par ordinateur », *Faire / voir et savoir : connaissance de l'image, image et connaissance*, B. Poirier et J. Sultan (dir.), Paris, INRP, 1992, p. 89-94.
(35) DARRAS Bernard et BELKHAMSA Sarah, « Les objets communiquent-ils ? », *MEI : Médiation Et Information*, n° 30-31, Paris, L'Harmattan, 2009, p. 7-9.
(36) DARRAS Bernard, « Aesthetics and Semiotics of Digital Design: The Case of Web Interface Design », actes du colloque The First INDAF International Conference, Incheon, Corée, 2009, p. 10-16.
(37) ELIADE Mircea (1956), *Le Sacré et le Profane*, Paris, Gallimard, « Idées », 1965, rééd. « Folio essais », 1994.
(38) ELLUL Jacques, *Le Système technicien* (1977), Paris, Le Cherche Midi, 2004.

(39) FINDELI Alain, « L'éclipse de l'objet dans les théories du projet en design », *The Design Journal*, 8, n° 3, 2005, p. 35-39.
(40) FINDELI Alain, « Searching For Design Research Questions: Some Conceptual Clarifications », *Questions, Hypotheses & Conjectures : discussions on projects by early stage and senior design researchers*, Bloomington, IN : iUniverse, 2010, p. 286-303.
(41) FREUD Sigmund, « Le créateur littéraire et la fantaisie » (1908), *L'Inquiétante Étrangeté et autres essais*, Paris, Gallimard, « Folio Essais », 1988, p. 31-46.
(42) GENVO Sébastien, « Penser les phénomènes de "ludicisation" du numérique. Pour une théorie de la jouabilité », *Revue des sciences sociales*, 2011, n° 45 : « Jeux et enjeux », p. 68-77.
(43) GIBSON William, *Neuromancien* (1984), Paris, La Découverte, 1985.
(44) GIEDION Siegfried, *La Mécanisation au pouvoir. Contribution à l'histoire anonyme* (1948), Paris, Centre Georges-Pompidou / CCI, 1980.
(45) GILLE Bertrand, *Les Ingénieurs de la Renaissance*, Paris, Hermann, 1964, rééd. Le Seuil, « Points Sciences », 1978.
(46) GILLE Bertrand, *Histoire des techniques*, Paris, Gallimard, « Encyclopédie de la Pléiade », 1978.
(47) GILLE Bertrand, « La notion de "système technique" (essai d'épistémologie technique) »,

Culture technique, n° 1, Centre de recherche sur la culture technique, Neuilly-sur-Seine, 1979.

(48) GRANGER Gilles-Gaston, *Le Probable, le Possible et le Virtuel. Essai sur le rôle du non-actuel dans la pensée objective*, Paris, Odile Jacob, 1995.

(49) GUILLAUD Hubert, « Où va l'économie numérique ? (1/3) Vers une innovation sans emplois ? », *InternetActu.net*, 1er février 2012, en ligne : http://www.internetactu.net/2012/02/01/ou-va-leconomie-numerique-13-vers-une-innovation-sans-emplois/

(50) GUNTHERT André, « Archéologie de la "Petite histoire de la photographie" », *Images revues*, hors série 2 / 2010, en ligne : http://imagesrevues.revues.org/292

(51) HABERMAS Jürgen, *La Technique et la science comme « idéologie »* (1968), Paris, Gallimard, « Tel », 1990.

(52) HAILPERIN Max, KAISER Barbara et KNIGHT Karl, *Concrete Abstractions: An Introduction to Computer Science Using Scheme*, CA, Pacific Grove, 1999, en ligne : https ://gustavus.edu/+max/concrete-abstractions.html

(53) HEGEL G. W. F., *Esthétique*, trad. S. Jankélévitch, textes choisis par C. Khodoss, Paris, Puf, 2004.

(54) HEIDEGGER Martin, « La question de la technique » (1953), *Essais et conférences*, Paris, Gallimard, 1958.

(55) HOTTOIS Gilbert, « Les philosophes et la technique, les philosophes de la technique », *Les Philosophes et la Technique*, Pascal Chabot et Gilbert Hottois (dir.), Paris, Vrin, 2003, p. 13-23.

(56) HUYGHE Pierre-Damien, *Du commun. Philosophie pour la peinture et le cinéma*, Belval, Circé, 2002.

(57) HUYGHE Pierre-Damien, Introduction au dossier « Temps et appareils », *Plastik*, n° 3 / automne 2003, Paris, CERAP / Publications de la Sorbonne, 2003, p. 4-6.

(58) HUYGHE Pierre-Damien, *Le Différend esthétique*, Belval, Circé, 2004.

(59) HUYGHE Pierre-Damien, « Le devenir authentique des techniques », conférence au Centre national de la recherche technologique, Rennes, 2004, en ligne : http://pierredamienhuyghe.fr/documents/textes/huyghethomson.pdf

(60) HUYGHE Pierre-Damien (dir.), *L'Art au temps des appareils*, Paris, L'Harmattan, 2005.

(61) HUYGHE Pierre-Damien, *Modernes sans modernité*, Paris, Éditions Lignes, 2009.

(62) ISAACSON Walter, *Steve Jobs*, Paris, Jean-Claude Lattès, 2011.

(63) JONES Sheilla, *The Quantum Ten : A Story of Passion, Tragedy, Ambition, and Science*, Oxford, Oxford University Press, 2008.

(64) JOUIN Patrick, « La substance du design », 17 février-24 mai 2010, Paris, Centre Georges-Pompidou, entretien vidéo, en ligne : http://

www.centrepompidou.fr/presse/video/20100119-jouin/

(65) KANT Emmanuel, *Critique de la raison pure* (1781), Paris, Puf, « Quadrige », 1993.

(66) KANT Emmanuel, *Critique de la faculté de juger* (1790), Paris, Vrin, 2000.

(67) KRAININ Julian et LAWRENCE Michael R., *Memory & Imagination: New Pathways to the Library of Congress*, [Documentaire TV], Michael Lawrence Films and Krainin Productions Inc., 1990.

(68) KUHN Thomas S., *La Structure des révolutions scientifiques* (1962), Paris, Flammarion, « Champs », 1999.

(69) LATOUR Bruno, *Nous n'avons jamais été modernes*, Paris, La Découverte, 1991.

(70) LATOUR Bruno, *Aramis, ou l'amour des techniques*, Paris, La Découverte, 1992.

(71) LATOUR Bruno, « A Cautious Prometheus? A Few Steps Toward a Philosophy of Design (with Special Attention to Peter Sloterdijk) », Proceedings of the 2008 Annual International Conference of the Design History Society, F. Hackne, J. Glynne & V. Minto (eds), Falmouth, 3-6 September 2009, e-books, Universal Publishers, p. 2-10, en ligne : http://www.bruno-latour.fr/sites/default/files/112-DESIGN-CORNWALL-GB.pdf

(72) LAVOISIER Antoine-Laurent, *Traité élémentaire de chimie* (1789), in *Œuvres de Lavoisier*, éd. J.-B. Dumas, E. Grimaux et F.-A. Fouqué, Paris,

Impr. impériale, tome I, 1864, en ligne : http://www.lavoisier.cnrs.fr/

(73) LELEU-MERVIEL Sylvie, « Les désarrois des “Maîtres du sens” à l’ère du numérique », *Hypertextes, hypermédias. Créer du sens à l’ère numérique. H2PTM’03*, Paris, Hermès, 2003, p. 17-34, en ligne, URL : http://halshs.archives-ouvertes.fr/hal-00467743/

(74) LELEU-MERVIEL Sylvie, USEILLE Philippe, « Quelques révisions du concept d’information », *in* Fabrice Papy (dir.), *Problématiques émergentes dans les Sciences de l’information*, Hermès / Lavoisier, 2008, p. 25-56, en ligne : http://hal.archives-ouvertes.fr/hal-00695777/

(75) LE MOIGNE Jean-Louis, *Les Épistémologies constructivistes* (1995), Paris, Puf, 2007.

(76) LEROUX Yann, « En lisant Stéphane Vial », *Google Groupes*, « Mondes numériques », 8 mai 2009, en ligne : https ://groups.google.com/d/topic/mondes-numeriques/tjuF4MSshTg/discussion

(77) LEROUX Yann, « Psychodynamique des groupes sur le réseau Internet », thèse de doctorat en psychologie sous la direction de Serge Tisseron, Université Paris X Nanterre, 20 décembre 2010.

(78) LESSIG Lawrence, *Free Software, Free Society : Selected Essays of Richard M. Stallman*, 2002, en ligne : http://www.gnu.org/philosophy/lessig-fsfs-intro.fr.html

(79) LÉVI-STRAUSS Claude, *Entretiens avec Georges Charbonnier*, Paris, « 10/18 », 1969.

(80) LÉVY Pierre, *La Machine univers : création, cognition et culture informatique*, Paris, La Découverte, 1987.
(81) LÉVY Pierre, *De la programmation comme un des beaux-arts*, Paris, La Découverte, 1992.
(82) LÉVY Pierre, *Qu'est-ce que le virtuel ?* (1995), Paris, La Découverte, 1998.
(83) LÉVY Pierre, *Cyberculture*, Paris, Odile Jacob / Conseil de l'Europe, 1997.
(84) LÉVY Pierre, *La Sphère sémantique, tome 1, Computation, cognition, économie de l'information*, Paris, Hermès / Lavoisier, 2011.
(85) LÉVY Pierre, « Le médium algorithmique », *Sociétés* (à paraître), 2013, en ligne : http://pierrelevyblog.files.wordpress.com/2013/02/00-le_medium_algorithmique.pdf
(86) LOMBARD Geneviève, « Le non-virtualisable de la psychanalyse », *Inconscient.net*, Bordeaux, 26 septembre 2007, en ligne : http://inconscient.net/non_virtualisable.htm
(87) LOMBARD Geneviève, « Psychanalyse à distance ? », *Inconscient.net*, Bordeaux, 31 octobre 2011, en ligne : http://inconscient.net/psychanalyse_a_distance.htm
(88) MANOVICH Lev, *Software Takes Command*, New York, Bloomsbury Publishing, 2013.
(89) MARCUSE Herbert, *L'Homme unidimensionnel* (1964), Paris, Minuit, 1968.
(90) MARTIN Jean-Clet, *L'Image virtuelle. Essai sur la construction du monde*, Paris, Kimé, 1996.

(91) MATHIAS Paul, *Qu'est-ce que l'Internet ?*, Paris, Vrin, 2009.
(92) MATHIAS Paul, « Horizons », *Rue Descartes*, n° 55 : « Philosophies entoilées », Paris, Puf, 2007, p. 2-7.
(93) MAUCO Olivier, « Sur la gamification », *Game in Society*, 19 janvier 2012, en ligne : http://www.gameinsociety.com/post/2012/01/19/Sur-la-gamification2
(94) MAUSS Marcel, *Essai sur le don. Forme et raison de l'échange dans les sociétés archaïques* (1925), Paris, Puf, « Quadrige », 2007.
(95) MIDAL Alexandra, *Design : introduction à l'histoire d'une discipline*, Paris, Pocket, 2009.
(96) MILON Alain, *La Réalité virtuelle : avec ou sans le corps ?*, préface de Michela Marzano, Paris, Autrement, 2005.
(97) MISSONNIER Sylvain et LISANDRE Hubert (dir.), *Le Virtuel : la présence de l'absent*, Paris, EDK, 2003.
(98) MISSONNIER Sylvain, « Une relation d'objet virtuelle ? », *Le Carnet psy*, n° 120, 7/2007, p. 43-47, en ligne : http://www.cairn.info/revue-le-carnet-psy-2007-7-page-43.htm
(99) MOGGRIDGE Bill, *Designing Interactions*, Cambridge (MA), MIT Press, 2007, en ligne : http://www.designinginteractions.com/
(100) MUMFORD Lewis, *Technique et Civilisation* (1934), Paris, Le Seuil, 1976.

(101) MUSSO Pierre, *Critique des réseaux*, Paris, Puf, 2003.
(102) MUSSO Pierre, PONTHOU Laurent et SEULLIET Éric, *Fabriquer le futur*, 2 : *L'Imaginaire au service de l'innovation*, Paris, Pearson Education France, 2007.
(103) NIETZSCHE Friedrich, « De l'utilité et des inconvénients de l'histoire pour la vie », *Considérations inactuelles* (1874), Paris, Gallimard, « Folio», 1990.
(104) NIETZSCHE Friedrich, *Le Crépuscule des idoles* (1889), Paris, Gallimard, « Folio ».
(105) NOVA Nicolas, « Famous User Figures in the History of HCI », 18 février 2010, en ligne : http://nearfuturelaboratory.com/pasta-and-vinegar/2010/02/18/famous-user-figures-in-the-history-of-hci/
(106) PARISER Eli, *The Filter Bubble*, Penguin Books, 2011.
(107) PARROCHIA Daniel (dir.), *Penser les réseaux*, Seyssel, Champ Vallon, 2001.
(108) PARROCHIA Daniel, « L'Internet et ses représentations », *Rue Descartes*, n° 55 : « Philosophies entoilées », Paris, Puf, 2007, p. 10-20.
(109) PERRET Jacques, « Lettre à IBM France », 16 avril 1955, en ligne : http://www.les-infostrateges.com/article/0505281/ordinateur-la-lettre-de-jperret
(110) QUÉAU Philippe, *Éloge de la simulation. De la vie des langages à la synthèse des images*, Seyssel, Champ Vallon, « Milieux », 1986.

(111) QUÉAU Philippe, *Metaxu : théorie de l'art intermédiaire*, Seyssel, Champ Vallon / INA, 1989.
(112) QUÉAU Philippe, *Le Virtuel : vertus et vertiges*, Seyssel, Champ Vallon, « Milieux », 1993.
(113) QUÉAU Philippe, « La pensée virtuelle », *Réseaux*, n° 61, sept.-octobre 1993, p. 67-78.
(114) RIFKIN Jeremy, *La Troisième Révolution industrielle. Comment le pouvoir latéral va transformer l'énergie, l'économie, le monde* (2011), Paris, Les Liens qui Libèrent, 2012.
(115) ROGER Alain, *Court Traité du paysage*, Paris, Gallimard, 1997.
(116) ROSNAY (de) Joël, *Surfer la vie. Comment survivre dans la société fluide*, Paris, Les Liens qui Libèrent, 2012.
(117) SEGAL Jérôme, *Le Zéro et le Un. Histoire de la notion scientifique d'information au XX*e *siècle*, Paris, Syllepse, 2003.
(118) SÉRIS Jean-Pierre, *La Technique*, Paris, Puf, 1994.
(119) SERRES Michel, *Petite Poucette*, Paris, Le Pommier, 2012.
(120) SIMONDON Gilbert, *Du mode d'existence des objets techniques* (1958), Paris, Aubier, 2001.
(121) SIMONDON Gilbert, « Psycho-sociologie de la technicité » (1960-1961), *Bulletin de l'École pratique de psychologie et de pédagogie*, n° 2 (1960), pp. 127-140 ; n° 3 (1961), pp. 227-238 ; n° 4 (1961), pp. 319-350, Université de Lyon.
(122) SLOTERDIJK Peter, *La Domestication de l'être*, Paris, Mille et une nuits, 2000.

(123) SLOTERDIJK Peter, « Foreword to the theory of Spheres » (octobre 2004), *Cosmograms*, Melik Ohanian & Jean-Christophe Royoux (ed.), New York, Lukas & Sternberg, 2005, p. 223-240.
(124) SORARU Isabelle, « Sur Walter Benjamin et sa "Petite histoire de la photographie" (1931) », *La Revue des ressources*, juin 2011, en ligne : http://www.larevuedesressources.org/sur-walter-benjamin-et-sa-petite-histoire-de-la-photographie-1931,2006.html
(125) STIEGLER Bernard, *De la misère symbolique*, tome 1. *L'Époque hyper-industrielle*, Paris, Galilée, 2004.
(126) SULLIVAN Louis H., « The Tall Office Building Artistically Considered », *Lippincott's Magazine*, 57, mars 1896, en ligne : http://academics.triton.edu/faculty/fheitzman/talloffice-building.html
(127) THACKARA John, *In the Bubble : de la complexité au design durable* (2005), Saint-Étienne, éd. Cité du Design, 2008.
(128) TISSERON Serge, *Virtuel, mon amour. Penser, aimer, souffrir, à l'ère des nouvelles technologies*, Paris, Albin Michel, 2008.
(129) TISSERON Serge, *Rêver, fantasmer, virtualiser. Du virtuel psychique au virtuel numérique*, Paris, Dunod, 2012.
(130) TORVALDS Linus, DIAMOND David, *Il était une fois Linux : l'extraordinaire histoire d'une révolution*

accidentelle, Paris, Osman Eyrolles Multimedia, 2001.

(131) TRICLOT Mathieu, *Philosophie des jeux vidéo*, Paris, La Découverte, 2011.

(132) TURKLE Sherry, *Life on the Screen. Identity in the Age of the Internet*, New York, Simon & Schuster Paperbacks, 1995.

(133) TURKLE Sherry, *Simulation and its Discontents*, Cambridge (MA), MIT Press, 2009.

(134) TURKLE Sherry, *Alone Together: Why We Expect More from Technology and Less from Each Other*, New York, Basic Books, 2012.

(135) VARENNE Franck, *Qu'est-ce que l'informatique ?*, Paris, Vrin, 2009.

(136) VARENNE Franck et SILBERSTEIN Marc (dir.), *Modéliser et simuler : épistémologies et pratiques de la modélisation et de la simulation*, Éditions Matériologiques, 2013.

(137) VIAL Stéphane, *Court Traité du design*, Paris, Puf, 2010.

(138) VIAL Stéphane, « Il était une fois "pp7", ou la naissance d'un groupe sur l'Internet : retour sur la socialisation en ligne d'une communauté étudiante », *Réseaux*, n° 164, 2010/6, p. 51-70.

(139) VIAL Stéphane, « Qu'appelle-t-on "design numérique" ? », *Interfaces numériques*, vol. 1/1, 2012, p. 91-106.

(140) VIAL Stéphane, « There is no Difference Between the "Real" and the "Virtual": a Brief Phenomenology of Digital Revolution », *Theo-*

rizing the Web 2013, The Graduate Center, City University of New York (CUNY), New York, USA, 1-2 mars 2013, en ligne : http://goo.gl/qhUOJ
(141) VIAL Stéphane, « Contre le virtuel : une déconstruction », *MEI : Médiation Et Information*, n° 37, éd. L'Harmattan, 2013.
(142) VIAL Stéphane, « Le geste de design et son effet : vers une philosophie du design », *Figures de l'art : revue d'études esthétiques*, n° XXVI, Presses universitaires de Pau, 2013.
(143) VIGNOLA Robert, *Allô ! La merveilleuse aventure du téléphone*, Paris, CZ Créations, 2000.
(144) VOLLE Michel, *Économie des nouvelles technologies*, Paris, Economica, 1999.
(145) VOLLE Michel, *De l'informatique : savoir vivre avec l'automate*, Paris, Economica, 2006, en ligne : http://www.volle.com/ouvrages/informatique/informatique1.pdf
(146) VOLLE Michel, *in* Philippe Lemoine (dir.), *Une croissance intelligente*, Paris, Descartes & Cie, 2012, « Comprendre la croissance à l'heure de l'informatisation de la société », repris in *InternetActu.net*, 27 avril 2012, en ligne : http://www.internetactu.net/2012/04/27/comprendre-la-croissance-a-lheure-de-linformatisation-de-la-societe/
(147) WILDE Oscar, « Le déclin du mensonge », *Intentions* (1928), Paris, UGE, « 10-18 », 1986.

INDEX DES NOMS

INDEX DES MOTS

Remerciements

Ce livre est une version abrégée, réécrite et améliorée de ma thèse de doctorat en philosophie, préparée à l'Université Paris Descartes sous la direction du professeur Michela Marzano, et soutenue en Sorbonne le 21 novembre 2012 sous le titre « La structure de la révolution numérique : philosophie de la technologie » (mention « Très honorable » à l'unanimité, mention la plus élevée).

Mes remerciements vont d'abord à ma directrice de thèse, pour sa confiance, sa disponibilité et sa vigilance ; à Olivier Martin, directeur de l'École doctorale 180, pour ses conseils et son soutien ; aux membres du jury, Bernard Darras (Université Paris 1 Panthéon-Sorbonne), Bernard Lafargue (Université Michel de Montaigne Bordeaux 3), Sylvie Leleu-Merviel (Université de Valenciennes et du Hainaut-Cambrésis), Franck Varenne (Université de Rouen) ; leurs remarques généreuses et riches ont permis de perfectionner significativement le présent ouvrage.

Ils vont ensuite à tous mes camarades de l'Observatoire des mondes numériques en sciences humaines, pour leurs incessantes stimulations ; à Benoît Drouillat, président-fondateur de l'association « designers interactifs », pour toutes les occasions qu'il m'a données d'exposer et d'approfondir mes idées ; à Remy Bourganel, le plus philosophe des designers, pour nos nombreux échanges ; à Étienne Mineur et Les Éditions Volumiques, Jean-Louis Frechin et NoDesign, Benjamin Servet et Nealite, Emmanuel Rouillier et Mosquito, Geoffrey Dorne et tous les autres, designers numériques de talent ; à Brigitte Borja de Mozota, Bernard Darras, Alain Findeli, pour la forte impulsion que m'a donné la 7e édition des Ateliers de la recherche en design à Tunis ; à Vincent Bontems et Frédéric Pascal, de l'Atelier Simondon à l'École normale supérieure, les premiers à s'intéresser à cette thèse ; à Nathan Jurgenson et P.-J. Rey, du département de sociologie de l'Université du Maryland (Washington DC), pour la passionnante concomitance de nos idées et pour m'avoir donné l'occasion de les présenter à la conférence « Theorizing the Web 2013 », à la City University of New York ; à Jean-Claude Beaune, en souvenir de ses cours d'épistémologie à l'Université Jean Moulin Lyon 3 ; à Roland Lemoine et François Boissonnet, les pionniers du numérique à l'École Boulle, ainsi qu'à Christophe Hespel, son actuel directeur, pour avoir fait de cette école ce qu'elle est aujourd'hui ; à mes étudiants de l'École Boulle et de l'Université Paris 1 Panthéon-Sorbonne, pour la joie et l'inspiration qu'ils me donnent ; à mes clients et partenaires de l'atelier LEKTUM, pour nos belles aventures ; et aux salles de lecture du Rez-de-jardin de la Bibliothèque nationale de France, pour les longues heures de joie et de paix que j'y ai passées.

Sans oublier : Pierre Lévy, pour le plaisir et l'honneur qu'il me fait de préfacer ce livre ; Paul Garapon, pour sa confiance et son irremplaçable relecture ; Laurent de Sutter, pour ses conseils ; Max Mollon, pour son inspiration graphique ; Delphine, Christiane, Bruno, à qui je dédie ce livre ; et la psychanalyse, à laquelle je dois tant.

Web : www.stephane-vial.net
Facebook : fb.me/stephane.vial
Twitter : @svial

Table des matières

Cet ouvrage a été mis en page
par Meta-systems
59100 Roubaix

Imprimé en France
par JOUVE
1, rue du Docteur Sauvé, 53100 Mayenne
octobre 2013 - N° 2123910Y

JOUVE est titulaire du label imprim'vert®